꿈 속에서의 꿈

박달회 50주년 기념사

#의사수필동인 박달회 창립 50주년 기념식 당시 회원들 단체 사진
(2023년 12월 12일 이비스스타일앰배서더서울 명동)

윗 줄 왼쪽부터 양은주, 조재범, 홍영준, 박종훈, 곽미영, 홍지헌, 박문일, 양훈식, 채종일, 홍순기
아랫줄 왼쪽부터 정준기, 최종욱, 유형준, 한광수, 김숙희, 이헌영, 이상구

2023년 12월 12일, 의사수필동인 박달회가 창립 50주년을 맞이해 기념식을 진행했다. 이날 기념식에는 이필수 대한의사협회장, 박명하 서울특별시의사회장, 백현욱 한국여자의사회장, 김연종 한국의사시인회장, 유석희 수석회(水石會) 전임회장, 임선영 의사수필가협회 부회장 등이 참석해 기쁨을 나눴다.

당시 박달회를 이끌었던 김숙희 회장은 "박달회가 50년 동안 지속할 수 있었던 힘은 선후배 간의 존경과 배려, 문학에 대한 열정 덕분"이라고 밝히며, "삶의 속도가 느려지고 빛은 퇴색하고 있지만 주변의 찬란한 빛을 즐기는 것도 나쁘지 않은 것 같다"라고 박달회 50주년에 대한 소회를 말했다.

또한 이날 행사에서 유형준 전 박달회 회장이 '50년 박달회의 연혁'을 사진자료 등과 함께 소개하면서 오랜 기간 쌓여 온 박달회의 살아있는 역사를 소개해 눈길을 끌었다.

박달회 정기모임

2024년 11월 12일 서초구 한식당 장원에서 14인의 필자가 참석한 가운데 박달회 정기모임을 가졌다.(양훈식, 조재범, 양은주 저자는 개인 일정상 참석하지 못했다.)

박달회 정기 모임
- 윗줄 왼쪽부터: 이상구, 홍지헌, 홍순기, 홍영준, 곽미영, 박종훈, 김숙희, 유형준
- 아랫줄 왼쪽부터: 정준기, 최종욱, 한광수, 박문일, 이헌영, 채종일

카페 소개

어느 문학 동인회든 이름을 갖고 있다. 갖가지 연유를 담고 있는 게 예사이더라도 어차피 보이고 들리며 닿는 것은 그 이름이다.

'박달회'의 '박달'. 이제는 애를 써도 제삼자의 객관성을 견지할 수 없음을 즐거이 고백하며 박달을 이야기한다.

cafe.naver.com/doctoressay

서문

〈박달회 51집을 출간하며〉
副題: 히포크라테스는 죽었다

허무주의로 대표되는 독일의 철학자 프리드리히 니체는 그의 저서 〈즐거운 지식(Die frohlich Wissenschaft)〉(1882)에서 다음과 같은 문장을 남겼습니다.

Gott ist tott. Gott bleibt todt.
Und wir haben ihn getodtet.
Wie trosten wir uns, die Morder aller Morder?

이를 우리말로 해석하면 다음과 같습니다.

신은 죽었다. 신은 죽어 있다.
그리고 우리가 그를 죽였다.
살인자 중의 살인자인 우리는, 어떻게 안식을 얻을 것인가?

요즘 어느 모임을 가더라도 온통 의료대란 이야기입니다. 며칠 전에 만난 친구가 이런 말을 던집니다.
"너는 의사라서 좋겠다"
"왜?"
"대학병원을 아무 때나 갈 수 있잖아"

의사라서 대학병원에 친구도 많을 것이니 큰 병이 나도 걱정 없겠다는 편잔이었습니다.

그래도 다행인 것은 의료대란이 처음 시작된 봄만 하더라도 "의사들 왜 그러니?" 하고 비난 일색이었던 친구들이 이제는 "정부가 왜 그러니?" 하고 의사들 편이 많아졌다는 것입니다. 물론 저만의 착각인지는 모르겠지만요.

의료대란이 8개월 이상 이어지면서 양측 모두 지쳐가고 있지만 제 생각으로는 더 오래갈 듯합니다. 문제가 뭔지 파악하려면 서로 만나야 할 텐데 도대체 만나지를 못하고 있으니 말입니다. 만난다고 해도 결국 누더기 같은 합의가 있을 것이며, 합의를 이루어 낼 가능성이 아예 없다고 보는 견해들도 많습니다. 이 상태로 1년 이상 질질 끌다 보면 이렇게 무너져 내리는 의료환경이 뉴노멀(New Normal) 시스템으로 자리 잡을 것 같은 불안감이 드는 것은 저만의 생각이었으면 좋겠습니다.

전공의들이 떠나면서 우리나라의 대학병원이 무너져가고 있다는 것은 국가의료시스템의 최고 수준이 소멸되어가고 있다는 것입니다. 많은 교수들이 대학을 떠나고 있다고 하는데 최근 그 수가 점차 늘고 있으며 향후 교수인력이 될 전임의 지원자들도 현격히 줄어들었다고 하니 걱정이 앞서는 것입니다. 후배 교수들과 통화하면서 알게 된 사실은, 실력 있는 교수들부터 사직서를 내고 있어서 정말 문제라는 것입니다. 그들은 개원가에서 초빙되거나 독립적 개원이 가능한 실력이 있는 사람들이므로 스스럼없이 사표를 던진다는 것이지요. 그러나 사실은 의료대란에 환멸을 느껴 교수직을 포기하는 것일 겁니다. 그렇다면 대학병원의 수준이 예전 같지 않게 될 것임은 누구나 짐작할 수 있는 것이 아닌지요.

그런데 이 의료대란으로 사회가 혼란스럽지만, 결과적으로 긍정적인 효과들도 있다는 것을 주장하는 이들도 생겨나고 있습니다. 대표적인 것이 대학병원의 환자가 줄어든다는 것입니다. 그동안 대학병원에 가지 않아도 될 많은 환자들이 대학병원의 문턱이 낮다 보니 외래는 물론 입원실까지 많이 차지하고 있었는데 이런 환자들이 현격하게 줄고 있다는 것이지요. 대학병원 응급실에도 가벼운 질환자들보다는 실제로 중환자들이 늘어나고 있다는 것은 정상을 찾아가고 있다는 징표입니다. 의료대란의 와중에서도 이런 긍정적인 면은 우리도 챙겨야 하겠습니다.

여러 가지 부정적인 면 또는 긍정적인 면을 떠나 제가 가장 걱정하는 한 가지가 있습니다. 그것은 히포크라테스 정신의 소멸입니다. 모든 의과대학 학생들은 의대 졸업 시에 히포크라테스 선서를 합니다. 그러나 이제 진료실에서 의사들이 가지고 있었던 히포크라테스 정신은 아마도 점차 찾아보지 못하게 될 것 같습니다. 의료대란 와중에 정부, 일부 정치인들과 언론들이 국민들에게 심어놓은 '의사 악마화' 인식이 정말 그 도가 지나쳤기 때문입니다. 대다수의 국민들이 이에 세뇌 당하고 있는 것 같습니다. 의사와 환자 사이에 가장 중요한 것은 신뢰인데, 신뢰가 무너진 것도 모자라 국민과 의사가 적대적인 관계가 될지 걱정하는 지경에 이르렀습니다. 더욱 걱정인 것은, 젊은 의사들도 이에 맞서 이제 의료는 인술이라는 대의를 포기할 것 같아 안타깝습니다. 말 그대로 의료가 서비스 행위 그 자체로 전락할지도 모른다는 걱정이 앞섭니다.

니체는 '신은 죽었다'라고 하면서 신을 포함해 사람들이 신처럼 떠받들던 일체의 절대적 가치가 그 본질적 의미를 잃고 허무해졌다고 갈파하였습니다. 다르게 말하면 최고 가치가 상실되어 허무주의가 도래할 것이라 경고한 것입니다. 그는 이를 극복하기 위해서는 삶에 대한 긍정 즉, 비극적 상황 앞에서도 자긍심을 잃지 않는 고귀한 정신이 필요함을 설파하였습니다.

서두에 니체가 썼다는 문장에서 신을 히포크라테스로 바꾸어 봅니다.

히포크라테스는 죽었다. 히포크라테스는 죽어 있다.
그리고 우리가 히포크라테스를 죽였다.
살인자 중의 살인자인 우리는, 어떻게 안식을 얻을 것인가?

이제 의사들에게 절대적 가치였던 히포크라테스 정신이 그 본질적 의미를 잃고 허무해졌다고 해도 우리는 이에 대한 해결책을 찾아야 할 것입니다. 우리의 대책이 니체 스스로 해결책을 제시한 것처럼 어떤 상황 앞에서도 자긍심을 잃지 않는 고귀한 정신의 유지였으면 좋겠습니다.

그리고, 의료계의 원로이신 우리 박달회 회원님들께서 태산과 같은 중량감으로, 흔들리는 후배 의사들의 든든한 버팀목이 되어 주신다면 더욱 좋겠습니다.

2024년 11월
의사수필문학동인 박달회 회장 박문일

목차

서문
박달회 51집을 출간하며　4

이상구 · 15
70대에 찾아온 불청객 不請客　17

곽미영 · 25
해답 찾기 – 명의놀이　27

정준기 · 35
4시 44분　37
빠른 발걸음　41

김숙희 · 47
호모 비아토르 Homo Viator, Homo Traveler　49
나는 누구인가요?　54

박문일 · 59
못사랑　　61
"아직은 괜찮아요"　　67

박종훈 · 75
악몽惡夢　　77
내가 할아버지가 된다고?　　84

홍순기 · 93
라마의 침, 그리고 차 한 잔　　95
어떤 동화　　101

양훈식 · 107
꿈 속에서의 꿈 A Dream in Dream　　109
하늘　　117

목차

양은주 · 123
건강한 사람　125
기다리다　131

한광수 · 137
나에게 두 번째 이름을 지어주신 아버지　139
-박희봉 이시도로 신부님-
세 번째 할렐루야　144
-사형장의 검시관-

최종욱 · 151
공감　153
이별　156
고독사　159

홍지헌 · 163
때죽나무 마음　165
다시 심란한 세상으로　171

홍영준 · 177
슬기로운 글쓰기 생활　　179
오랫동안 전해 오던 사소함　　186

이헌영 · 193
황토길과 황토조소　　195

조재범 · 207
오죽헌　　209

채종일 · 215
한국건강관리협회와의 인연　　217
마파람　　225

유형준 · 233
진료실 안의 곰 세 마리　　235
아버지의 지팡이, 음성을 내다　　240

이상구

profile

서울 출생
경희의대, 동대학원 졸업(의학박사)
경희대학병원 신경정신과 전문의 수료(신경정신과 전문의)
한국정신분석학회 정회원
이상구신경정신과 원장(현)
수필가(한국문인협회 정회원)

주　소 | 서울시 영등포구 영등포동 3가 6번지 이상구신경정신과
이메일 | leesg329@hanmail.net

70대에 찾아온 불청객 不請客

지구의 온난화가 주범인가? 올해 여름 더위가 장난이 아니었다. 푹푹 찌어 대는 무더위에 외출할 엄두를 내지 못하고 집과 병원에서 에어컨에 의지하면서 수개월을 지내다가, 10월이 오니 무더위가 지나가고 선선한 가을 날씨가 우리의 숨통을 트이게 해준다. 나는 금년 여름 더위를 극복하려고 가능하면 에어컨 바람을 줄이고 야외에서 시간을 보내면서 날씨에 적응해 보려고 노력했다. 그렇기에 자주 건물 옥상에 올라가 무더위와 싸워 보기도 했고 주말이면 골프를 계속 치면서 여름을 보냈다. 이열치열(以熱治熱)의 원리대로 생활해 보려고 노력했으나 결국은 자연의 거대한 힘에 무기력하게 패배하였다.

무더위가 계속 기승을 부리던 8월 중순. 30도가 넘는 골프장에서 더위가 최고로 기승을 부리는 12시에 라운딩을 하였는데 몸에 무리가 되었는지 후반에는 어지러움과 피곤함이 엄습해 힘든 상태였으나 억지로 참고 무사히 끝냈다. 갈증이 심해 저녁 식사하면서 맥주를 마시고 평소 주량대로 마셨는데 식당을 나와 걷던 중 순간적으로 나도 모르게 정신을 잃고 쓰러졌다. 바로 정신을 차렸으나 오른쪽으로 넘어지면서 오른 손목에 골절과 오른쪽 갈비뼈 6번과 9번이 골절되었다. 원인을 알 수 없지만 무리한 운동으로 피곤이 누적된 상태에서 갑자기 혈압저하가 원인이 되지 않았나? 아니면 열사병 증상이 아닌가? 하는 생각을 해본다. 이번 사건으로 인해 본의 아니게 2개월 정도 운동도 못 하고 회복 기간을 가져야 했다.

신체적으로 자유롭지 못해 일상생활에 제한을 받으니 매사가 짜증스럽다. 무더위에 손목은 〈캐스트〉를 하고 가슴은 〈브레이스〉를 하고 지내려니 덥기도 하지만 일단 거동이 불편하니 힘이 든다. 오른손 사용에 제한을 받으니 진료하고 기록하기도 힘이 든다. 앉거나 누울 때 자세 변화를 주면 가슴에 통증이 오니 조심스럽게 움직이게 된다. 모든 활동에 제한을 받게 되니 당연히 우울해지고 시간이 지나면서 의욕도 저하되어 외출하기도 싫어졌다. 식욕도 없어지니 기력과 근력도 저하되면서 갑자기 늙어버린 느낌이 든다. 이런 변화와 더불어 처음에는 통증 때문에 고통스러워 다른 생각을 할 여유가 없었으나 시간이 지나면서 점차 통증이 완화되고 일상생활은 불편하지만 할 수 있게 되니 다양한 생각들이 들기 시작한다.

나이가 70대 중반인 지금도 아직 청춘이라고 생각하고 무리한 생활 습관을 계속 고집하고 있는 자신을 먼저 돌이켜 보게 된다. 근래 쉽게 피곤이 엄습하고 작은 일에도 예민하게 반응하면서 짜증이 쉽게 난다. 이유를 생각해 봐도 특별한 문제를 찾을 수 없으니 결국은 노화 현상이 아닌가?라는 생각이 든다. 그렇기에 이제는 나이에 걸맞은 현명한 삶을 살아갈 방식의 필요성을 느끼게 된다. 노인들의 삶에 대한 다양한 이론들과 조언들이 있는데 그중 흥미를 끈 책이 있다. 노인 정신과 의사인 〈와다 히데키〉가 자신의 임상경험을 바탕으로 저술한 〈70세가 노화의 갈림길〉이라는 책이다. 저자는 60세, 70세 그리고 80세에 나타나는 신체 변화와 정신적 변화의 특징들을 소개하면서 또한 나이 별로 현명하게 대처하는 방법도 제시하였다.

저자는 70대는 노화와 싸우는 시간으로 남성은 73세 여성은 75세가 노화의 갈림길이 된다고 한다. 70세가 되면 매년 근력은 3%씩 감소가 되고 청력 장애는 50% 치매는 10%에서 나타난다. 그렇기에 나이가 들수록 신체적으로 불편한 증상들이 많아지고 건강에 대한 자신감이 없어져 병원을 찾게 되고 의사의

지시에 따르려고 한다. 그러나 저자는 과감히 말한다. 의사 지시는 버려라. 이유는 그들이 장수 전문가는 아니기 때문이다. 각과 전문의들의 처방을 따르다 보면 이득이 될 수도 있으나 맹종하고 무조건 따르지 말라는 것이다. 예를 들면 수술이 필요하다고 진단받았으나 수술 후 몸 전체 기능이 손상되어 삶의 질이 현저히 저하된다면 수술을 하는 것이 현명한 선택인가? 그렇기에 스스로 생각해 보고 결정하는 것이 현명한 처사라고 저자는 말한다. 그리고 늙음에 저항하지 말고 받아드리는 것이 현명한 처사이고 인간사 모든 일에 얽매이지 말고 자유롭게 살기를 권한다. 오늘의 불행도 시간이 지나가면 해결되니 지나친 걱정은 던져 버리기를 권한다.

식생활 방식도 이야기한다. 70세가 되면 20%가량 단백질이 부족하게 된다. 그 결과 우리 몸에서 〈세로토닌〉이 부족해져 행복감이 떨어지게 된다. 그렇기에 반드시 〈육류〉를 적당히 섭취하기를 권장한다. 나이가 들으면서 채식 위주로 식사를 하는 경우가 많은데 이렇게 한다고 장수에 도움이 될지 생각해 볼 필요가 있다. 과다한 〈육류〉 섭취는 자제하되 적당하게 섭취하는 것은 필요하다.

그렇다면 노화(老化) 속도를 늦추는 방법은 없을까? 저자는 이야기한다. 일하는 것이 노화를 지연시키니 가능하다면 은퇴를 하지 말고 계속 현역 생활을 하기 권한다. 노화는 40대부터 시작이 되고 70대에 확연히 느끼게 된다. 70대에는 신체적으로 〈호르몬〉의 변화가 온다. 남성의 경우 남성 호르몬의 부족으로 행동력과 성 기능 저하를 보여 의욕이 저하된다. 이런 경우 일을 하면 정신적으로 활성이 된다. 여성의 경우는 골다공증이 심화되어 쉽게 다치게 된다. 이런 〈호르몬 변화〉로 인해 발생하는 신체적 그리고 정신적 변화를 늦추기 위해서는 자발적으로 운동하는 것이 필요하다. 격렬한 운동보다는 느슨한 운동이 도움이 된다. 예를 들면 〈햇빛〉을 쪼이면서 산책을 하면 〈비타민〉 형성에 도움이 되고 배우자나 친구와 함께 걸으면서 담소를 나누면 유대감과 안정감을 가질 수 있게 된다. 그리고 적극적으로 사회활동에 참여해 대인관계를 계속 유지하여 외로움에서 벗어나는 것이 필요하고, 자신이 좋아하는 취미 생활을 통하여 성취감을 얻고 자긍심을 높이는 것이 노화(老化)를 지연시킬 수 있다고 주장한다.

그렇다면 나는 노년(老年)에 어떤 삶을 살아야 하나? 70대에 사고를 당해 쓰러지면 급격히 늙게 되고 회복하기 쉽지 않다고 한다. 필자도 동의한다. 2달간의 투병 생활이 나의 생활 리듬에 변화를 가져왔다. 수십 년 매일 하던 아침 운동을 못 하니 몸이 무겁고 하체 근육도 감소가 됨을 느끼게 된다. 한번 근육이 감소하면 쉽게 원상복구가 되지 않는 것이 노인들의 특징이다.

그렇기에 게으름을 떨쳐버리고 부지런히 운동하여 과거의 체력을 되찾으려고 노력해야겠다. 그리고 은퇴에 대한 생각도 신중히 생각해야겠다. 체력이 유지되어 진료가 가능할 때까지 해보는 것도 좋지 않을까? 하는 생각이 든다. 취미 생활은 해왔던 골프와 〈스포츠 댄스〉를 계속하면서, 살아온 인생을 회고하는 글을 써볼까? 하는 생각도 해본다. 그리고 인생을 보는 나의 인생관도 변화가 필요하다고 생각한다. 현재의 나를 인정하고 받아들여야겠다. 〈마음은 청춘〉이라는 생각은 갖고 있어도 늙은 나 자신을 인정하고 사회 구성인들 중 비주류로 뒤편에 서서 살아가야겠다. 그리고 나를 구속하고 있었던 모든 일에서 벗어나 자유로운 삶을 살아가야겠다. 80대가 되면 기력이 더 떨어져 타인의 간호 혹은 도움을 받으면서 살아갈 나이다. 〈인생 백 세〉라 하나 자신의 의지대로 행동할 수 있는 신체기능을 갖고 있어야 사람다운 생활을 할 수 있다. 이런 80대를 준비하면서 70대를 현명하게 살기 위해 과거에 갖고 있었던 사고관을 버리고 새로운 삶을 살아갈 계획을 세워본다.

곽미영

profile

서울 출생
이화의대, 동대학원 졸업(의학석사)
제일병원 산부인과 전공의 수료(산부인과 전문의)
일본암 부속병원, 미국 시카고의대 산부인과(생식면역학) 연수
직선제대한산부인과의사회 보험 부회장(전)
대한개원의협의회 공보부회장(전)
대한검진의학회 이사, 자문위원(전)
중앙대학교병원 건강증진센터 부인과 교수(현)
직선제대한산부인과의사회 최고고문(현)
대한의사협회 의료광고심의위원회 전문위원(현)
독서신문 전문위원(현)

주 소 | 서울시 동작구 흑석로112 중앙대학교병원
이메일 | fmyk21@hanmail.net

해답 찾기 – 명의놀이

살다 보면 답변하기 쉽지 않은 질문들이 있다. 생에서 제일 먼저 받는 어려운 질문 중 하나는 아마도 "엄마가 더 좋아? 아빠가 더 좋아?"가 아닐까 싶다. 순진무구, 세상의 아무런 때도 묻지 않은 아기에게는 별 어려움이 없을지 모르겠지만, 아주 조금만 삶의 지혜, 아니 살아남기 위한 꾀가 들기 시작하면 쉬웠던 답변이 어려워지게 된다. 아기는 같은 질문에 망설이며 주저하게 되고, 곧 "둘 다 좋아"라는 답을 찾기 시작한다. 답변을 들은 부모들은 웃으면서도 왠지 섭섭한 마음이 들 수도 있다. 그러나 자라지 않는 아이는 세상에 없다.

답에는 '정답'과 '해답' 두 가지가 있다. 언뜻 같은 말 같지만 어감의 차이가 있다. 국어사전을 찾아보았다. '정답'은 '옳은 답'이라고 풀이되어 있고, 유의어에 '해답'이라고 쓰여 있었다. 다시 '해답'의 뜻을 찾아보니 '어떤 문제를 해결하기 위한 답변이나 대책'이라고 정의되어 있었다. 아기는 아마도 정답 대신 해답을 찾아내었던 것 같다.

쉽기만 하던 답변이 어려워지는 순간은 진료실에도 존재한다. 책으로만 배우던 학생 시절에는 시험지에서 정답 한 개만 고르면 된다. 그러나 막상 환자를 직접 진료하게 되면 학교에서 배울 때와는 달리 달랑 한 개의 답변만으로는 설명하기 어려운 상황이 수시로 발생한다. 이런 연유로 의사들이 법정에 가면 곤란한 경우가 많이 생긴다. 검사나 변호사는 'Yes'나 'No' 중 한 개의 답변만을 요구하는데, 의사들은 질문을 받는 순간 감별질환, 부작용, 합병증 등등 한 가지로는 도저히 대답할 수 없는 수십 가지의 답들이 떠오르게 되어 주저리주저리 답변을 하게 되고, 곧 "예, 아니오로만 답하세요!"라는 강경한 목소리에 저지당하게 된다. '유죄냐 무죄냐'라는 단순하고 이분법적인 사고로 진행되는 법정과 달리, 병원에서는 '사는냐 죽느냐' 뿐 아니라 '살아도 얼마나 살 수 있는지?', '어떤 합병증이 동반되는지?', '재발 가능성은 어느 정도인지...' 등등 같은 상황에서도 수십, 수백 가지의 가능성과 상황이 동시에 발생하므로 법정과는 발상 자체에서 뚜렷한 차이가 있는 것이다.

그래서 의사의 말은 끝까지 정확하게 경청해야만 한다. "이 경우는 양성인 듯하지만……"에서 첫 '양성'만 듣고 너무 좋아서 그 뒤의 '듯하지만…'을 놓치게 되면 큰 오해가 생길 수 있기 때문이다.

의사는 늘 확률의 게임을 하고 있다고 해도 과언이 아니다. 해답을 찾아가며 정답에 이를 확률이 거의 100%에 달하는 경우가 많겠지만, 때론 해답 찾기가 매우 어려운 희귀질환이 있을 수도 있고, 산모와 같이 출산이라는 100% 정답으로 입원하였으나 갑자기 산후 출혈로 생사의 기로에 놓일 수 있는 경우까지, 그 가변성이 극과 극인 외줄타기 곡예를 하고 있는 것이다. 아인슈타인은 '좋은 질문에서 좋을 해답이 가능하다'라고 말했다고 한다. 외줄타기를 하며 좋은 해답을 찾기 위해서는 끊임없는 노력이 필요하고, 좋은 질문을 위해 일주일에 하루 쉬는 일요일에도 학회장을 가득 메운 선생님들을 보면서 어쩔 수 없는 의사들이구나 하는 생각이 든다. 의사라고 쉬고 싶지 않은 것은 아니다.

북가좌동에서 병원을 운영하던 때이다. 심한 생리통으로 매달 괴로워하던 환자가 있었다. 어려서부터 잘한다는 병원은 물론 좋다는 약과 민간요법 등 온갖 치료를 다 해봤으나 효과가 없었다고 한다. 자궁선근증이 의심되었다. 지금같이 좋은 약이 없었던 시절이었고, 약물을 포함하여 이것저것 적극적인 치료를 시도하였지만 나라고 별 수 있었겠는가. 환자는 별 차도를 보이지 않았다. 내가 찾은 최종 해답은 '자궁적출술'이었다. 40대였던 환자는 단지 통증만으로 '자궁을 적출하자'는 해답에 당황하였고, 여성성을 잃어야 한다는 생각에 사로잡혀 수술을 망설였다. 그녀는 고통 속에서 2년을 더 참고 버티고 나서야 수술을 받아들였다. 마침내 환자는 매달 겪던 고통으로부터 해방되었고, 내 해답은 정답이 되었다. 수술 후 찾아온 환자의 얼굴은 매우 편안해 보였고, 순간 어쩌면 그녀는 잠깐이라도 나를 '명의'라고 생각하지 않았을까 하는 생각이 스쳤다. 그런데 말이다. 갑자기 '혹시 명의는 환자 본인이 아니었을까' 하는 생각이 들었다. 아무리 의사가 해답을 들고 정답이 될 수 있으니 치료를 해보자는 제안을 한들 환자가 동의하지 않는다면 그 답은 아무 쓸모 없는 것이 되고 만다. 결국 결정은 환자의 몫이며, 이런 면에서 '명의'는 최종 결정자인 환자 본인일 수도 있다고 한다면 지나친 생각일까? 의사가 항암치료가 답이라고 즉각적인 치료를 권유하였지만, 환자가 이를 거부하고 민간요법이나 기도원을 찾아다니며 시간을 허비하고 치료 시기를 놓치고 마는 경우를 종종 볼 수 있다. 의사 혼자만의 해답 찾기로는 마음대로 '명의'가 될 수 없다.

　병원에서의 해답 찾기, 일종의 '명의 놀이'는 중독성이 심하다.

낮이든 밤이든, 심지어 자면서도 진료실에 남겨두고 온 해답에 골몰하게 되고, 해답을 찾아가며 정답이 나올 때까지 문제풀이에만 집중하게 된다. 많은 의사들은 아마도 자신이 중독되어 있다는 사실을 알아채지 못한 채 그렇게 매일을 살고 있으며, 나 또한 예외는 아니었던 것 같다. 정답을 찾은 순간의 짜릿함과 흐뭇함에 사로잡혀 있는 나 자신을 발견하며 갑자기 불안함이 몰려온다. 난 혹시 '명의'라는 정답 찾기에만 빠져있었던 것은 아닐까? 하는 의구심이 밀려온다.

명의놀이에는 중요한 규칙이 있다. 해답만을 찾아가다 '환자'는 잊어버리고 '질병' 자체에 파묻혀 버려서는 안 된다는 것이다. 의사는 병을 풀어가는 것이 아니라 환자라는 아픈 사람을 치료하는 것이다. 물론 정답에 다다르는 것이 중요하지만, 어떻게 해답을 찾으며 정답에 도달하는가가 더 중요하다. 큰 대학병원에서 똑같은 질환을 가진 수많은 환자들을 집중 치료하고 연구하다 보니, 오지에서 자신을 희생하고 환자 치료에만 전념하다 보니, 한 동네에서 이웃사촌들의 소소한 아픔을 덜어주려고 이른 아침부터 늦은 밤까지 해답을 찾아주다 보니, 그런 노력이 쌓이고 그런 세월이 모여서 크든 작든 각자의 해답지가 두툼해지고 어쩌다 명의가 되는 것이 아닐까 하는 생각을 해 본다. 명의를 꿈꿀 수는 있겠지만 명의가 되기 위해서 진료하는 의사는 없다.

진료실 속 삶의 길이가 그 밖의 삶의 길이보다 길어진 지금, 나의 길고 긴 인생의 정답은 있을까? 삶의 다양성과 무한한 가능성에 끊임없는 질문을 던지며 그 해답을 찾아가려는 노력과 과정이야말로 가치 있는 삶이라는 생각이 든다. 그러다 보면 언젠가 무엇이 되어 있는 날이 오리라 믿으며……

정준기

profile

충청남도 예산 출생
서울대학교 의과대학 핵의학교실 명예교수
서울대학교병원 함춘문학회 회장 역임
서울대학교병원 의학역사문화원 원장 역임

수필집 | 『젊은 히포크라테스를 위하여』, 『소중한 일상 속 한줄기 위안』
『참 좋은 인연』, 『의학의 창에서 바라본 세상』
『33년의 연가』, 『이 세상에 오직 하나』
이메일 | jkchung@snu.ac.kr

4시 44분

　　　　　　　　　　나는 수면장애가 있어 오랜 시간 계속해 못 자고 한밤중에 두세 번 깨어난다. 그런데 요즘 눈을 떠 침대 옆에 놓인 디지털시계를 보면 자주 04:44(4시 44분)이 보인다. 새벽 4시 44분에 잠이 깨는 것이다. 아시다시피 우리나라에서는 숫자 '4'를 중국 한자의 죽을 '死'와 발음이 같아 터부시하고 있다. 아파트나 상가건물 엘리베이터에서는 '4층'을 'F층'로 바꿔 쓰기도 한다. 나는 처음에는 언짢아 "별 우연도 다 있네" 하고 의도적으로 무시했으나 낮에도 스마트폰을 키면 현재 시각이 4분이나 44분인 경우가 많았다. 4자가 우연히 나타나는 것이 아닌가 보다!
　　신경계통에 지병이 있는 나는 "어떤 존재자存在者가 이 세상에 있어 나에게 죽음을 암시하고 있는 것은 아닐까?" 하는 생각이 들고 불안감은 점차 커져갔다. 더욱이 약의 부작용으로 시력과 청각에 이상 감각을 경험한 나는 이런 존재를 전적으로 부정하지는 않는 입장이다. 또한 최근 각광을 받고 있는 '다중우주론'에서는 이 세상이 생각보다 훨씬 광대하고 복잡하여 우리 인지의 한계를 넘는 일이 얼마든지 생길 수 있단다.

사실은 요즘 내 병이 조금씩 진행하는 것 같으나 일부러 무시하고 있었다.

'우리 모두는 피할 수 없는 죽음에 의해 세상에서 사라진다. 또 30억 년 후에는 태양계 전부가 블랙홀로 빨려 들어간다고 과학자들이 단정하고 있다. 이 세상이 또한 사라지는 것이다. 이런 관점에서 보면 인간은 정말 찰나 동안 만 존재하다가 허무하게 없어진다. 인간이 우수한 사유 능력을 가졌다지만 무슨 의미가 있겠는가?'

이것이 내가 죽음을 마주하지 않고 있는 핑계였다.

이렇게 혼자서 불안과 위안을 번갈아 하고 있는데 우연히(?) 인터넷에서 숫자 '4'에 관련해 나와 똑같은 사연으로 불안을 호소하는 중년 여인의 이야기를 찾았다. 이에 대한 심리학자의 답변은 시계를 볼 때 특정한 숫자 조합을 자주 보는 것은 '바더-마인호프 현상(Baader-Meinhof phenomenon)'이라고 불리는 일종의 선택적 '빈도환상(frequency illusion)'이란다. 어떤 것에 관심을 가지거나 처음 인식하게 되면, 갑자기 그것이 더 자주 나타나는 것 같은 착각을 일으키는 현상이다. 예를 들어 어떤 사람이 특정 자동차 모델에 관심을 갖게 되면 그 이후로 그 모델의 차량을 더 자주 보게 된다. 실제로 그런 차가 길거리에 더 많이 돌아다녀서가 아니라 그저 주의를 기울이기 때문에 더 많이 찾아내는 것이다. 이 현상은 인간의 뇌가 정보를 처리하는 방식과 관련이 있단다. 한번 새로운 정보나 패턴이 강력하게 인지되면 그것이 우선권을 가져 자주 눈에 띄게 된다.

한편 나는 생체시계(biologic clock)의 능력이 제법 있어, 젊을 때 아무리 늦게 잠자리에 들어도 다음 날 아침 6시 반이 되면 저절로 깨어나고, 시계가 없어도 시간의 흐름을 제법 정확하게 예측하기도 한다. 우연인지 필연인지 또는 내가 무의식 중에 어떤 계기로 죽음을 상징하는 '4'가 관계된 생체시계가 작동하여 정각 4시 44분에 눈이 떠지고, 그 후에는 심리적으로 '빈도환상'이 함께 작동해서 내 의식이 죽음을 다시 생각하게 된 것으로 추론할 수도 있겠다.

'빈도환상'과 같이 우리의 감각과 인지 능력은 피할 수 없는 오류를 가지고 있지만 능동적으로 원리를 공부하고 주위 상황을 성찰하면 일부의 왜곡을 찾아 고칠 수 있겠다. 인간의 사유 능력이 올바른 방향으로 조금이지만 한 번 더 성숙해지는 것이다. 나의 경우에도 언제부터인지 4, 44, 4:44 등의 숫자가 더 이상 자주 보이지 않고 있다.

이런 신기롭기까지 한 인지작용을 경험하고, 죽음의 경고를 나에게 준 존재자가 있는지 혹은 내 자신인지는 모르나 고맙게 받아들이고, "한 순간이지만 남은 생을 소중히 아끼면서 조금은 현명하게 보내야겠다"라고 생각한다.

- 이 글의 일부는 저자에 의해서 의학전문지 기사와 중복 게재를 하였습니다.

빠른 발걸음

　　　　　　　　　　나는 젊어서부터 발걸음이 빠르다고 소문이 나 있었다. 웬만한 젊은 사내도 나와 보조를 맞추기 어려워했고, 여자나 아이 같으면 거의 내 옆에서 뛰어야 했다.
　내가 이렇게 빨리 걷게 된 것은 갓 의사가 되고서부터이다. 의과대학을 졸업하고 병원에서 인턴을 시작했다. 인턴은 여러 임상과를 한 달씩 1년 동안 순환하면서 의사가 갖추어야 할 기초지식과 진료 술기를 배우게 된다. 예를 들면, 내과의 경우 환자의 증상과 증세를 듣고 진찰하여 적절하게 진단하는 과정을 선배 전공의나 전문의를 도와주면서 배운다. 여기에 외과의 경우에는 수술을 하기 전후에 환자 처치를 배우고 수술 중에 간단한 역할을 맡기도 한다. 이렇게 인턴의 업무를 정리해 보니

체계적인 것 같으나 실제는 의료팀의 맨 밑 구성원으로서 모든 잡일을 도맡아 한다. 환자가 식사하기 전에 검사할 혈액을 뽑고, 치료용 약물을 주사하고, 각종 검사를 예약하고 결과를 확인한다. 외과의 경우 수술 부위의 제모와 소독과 관장 등도 인턴의 업무이다. 심지어는 의료진의 야참 준비나 식당 예약도 경우에 따라 담당해야 한다.

우리는 1970년대에 의과대학에 다녔고, 병원에서 수련을 받았다. 그 당시에는 컴퓨터가 없어 환자 검사 결과는 종이에 적어주고, 환자의 영상도 일일이 x-ray 필름에 수록해 판독하고 보관하였다. 인턴의 주 업무는 검사와 촬영 결과를 빨리 찾아오는 것이었다. 나는 좋은 의사가 되려면 우선 빨리 걸어야 하겠다고 생각하고 실행을 했다.

이렇게 시간을 다투어 서두르는 태도는 점차 모든 일에서 내 버릇이 되었다. 무슨 일을 할 때 면 몇 가지 업무를 동시에 하려는 것이다. 예를 들어 35년 전 미국 NIH(National Institutes of Health)에서 연구원 생활을 할 때, 한 가지 실험만 하기보다는 실험 과정 중 반응시간이나 배양 시간 등으로 남는 자투리 시간이 있으면 다른 실험을 추가하곤 했다. 그러나 생각대로 진행이 안 되면 시간에 쫓겨서 화장실도 못 가기도 했다. 야구광인 나는 집에서 야구경기를 시청할 때에도 TV 두 대를 나란히 옆에 두고 실시간으로 다른 경기를 한꺼번에 보기도 했다. 경기마다 공격과 수비가 바뀌는 시각이 다르니 매번 화장실에 못 가기는 마찬가지였다.

  교수가 되어서는 상황은 더 심해졌다. 내 전공인 핵의학은 그 당시 막 성장하기 시작하는 분야여서 할 일은 많고 사람은 적었다. 항상 업무에 시달렸고 동료나 전공의, 대학원생들을 다그치고 괴롭혔을 것이다. 내 나름 데로는 이들의 처지를 신경 쓰려고 노력했다. 한 번은 토요일 오후에 일거리를 주면서 수련의에게 "주말에 푹 쉬고 월요일 아침까지 과제를 해 오라"라고 내가 점잖게 말했다.

  세월이 흐르면서 나는 급하고 조바심이 많은 성격으로 점차 변했다. 또 내 일에 코가 석자이니 다른 사람에게 신경을 쓰고 처지를 이해할 시간적 정신적 여유가 더욱 없어졌다. 물론 이런 다급함은 정도는 다르지만 사람의 안전과 생명을 직접 다루는 의료인의 공통적 태도이기는 하다. 따라서 내심으로는 의료인으로 업무에 충실하기 위한 불가피한 방편이라는 변명과 함께 자부심마저 가졌던 것 같다.

  그러나 지금은 이런 성격 때문에 고생을 하고 있다. 내가 50세 중반부터 신경계통 병을 앓고 있는데 요즘은 걷다가 자주 넘어지는 것이다. 몸의 여러 신경과 근육이 빨리 걷기가 힘들게 변했는데도 생각은 여전히 발걸음을 재촉하고 있는 것이다. 소위 '마음 만 청춘'이라고 할까? 재활운동센터에서 자세와 걷기를 교정하고 훈련해도 효과가 적은 것은 아직도 내 의식이 처지를 인정하지 않기 때문이다. 신체적 치료 이외에도 올바른 생각으로 성격을 고치고 생활 습관도 맞추어야 한다. '바쁘게 사는 것이 알차게 사는 것과는 다르다.' Slow-life가 어떤 면에서는 삶의 지혜라는 것을 나에게 인지시키고, 다짐하려는 것이 이 글을 쓰는 목적이기도 하다.

끝으로 '이 시대의 성인聖人'으로 추앙받고 있는 남아프리카공화국의 흑인 대통령 넬슨 만델라가 한 충고의 말씀을 전해드린다.

"우리 인생에서 대부분의 잘못은 느리게 행동하기보다는 너무 빨리 행동하여 생긴다. 서두르지 말고 충분히 생각하고 분석한 후에 행동에 옮겨라."

김숙희

profile

서울 출생
고려의대, 동대학원 졸업(의학박사)
고려대학병원 산부인과 전공의 수료(산부인과 전문의)
의사평론가
에세이스트 신인상(수필가)
서울특별시의사회장(전)
서울중앙의료의원 부원장 산부인과 전문의(현)

저 서 | 「풍경이 있는 진료실 이야기」 외 다수
주 소 | 서울시 중구 소공로 70 POST TOWER 서울중앙의료의원
이메일 | charmdoctor@daum.net

호모 비아토르 Homo Viator, Homo Traveler

코로나19 사태는 해외여행 계획을 3년이나 무산 시켰다. 코로나19로 인한 각종 규제가 어느 정도 풀리면서 여행지를 검색하고 예약을 했다. 개원을 했을 때는 연휴를 이용한 근거리 짧은 여행 밖에 못했지만 봉직의가 되니 조금은 긴 휴가를 갈 수 있었다.

2022년 여름휴가로 제일 먼저 간 곳은 이탈리아 베로나를 거쳐 알프스 남단 돌로미티 트레킹 코스였다. 그때만 해도 검역이 완전히 해제되지 않은 시기라 입출국 시 예방접종 증명서와 비행기 탑승 24시간 전후에 코로나19 검사 음성진단서가 필요했다. 당시 유럽은 동양인이 거의 없었고 마스크 착용도

의무화가 아니었지만 우리 일행은 열심히 마스크를 쓰고 다녔다. 12명 일행 중 한 명이 귀국행 비행기 탑승 전에 받은 코로나19 검사에서 양성 진단을 받았지만 위기를 잘 넘기고 전원이 귀국할 수 있었다. 다음날 일찍 보건소에 가서 코로나19 검사 음성판정을 받고 출근을 했다.

당시 여행사 인솔자 말이 3년 만에 첫 출장이라면서 그동안 많이 힘들었지만 다시 일할 수 있게 되어서 기쁘다고 해서 함께 박수를 치기도 했다. 내 근무처 주변인 명동 상권도 처참하게 무너져 문 닫은 간판이 70프로가 넘었었다. 다행히 요즘은 거리가 여행객들로 넘쳐나고 상가가 다시 활성화되었다. 언제든 닥칠 수 있다는 감염병 판데믹에 대한 공포는 영원히 지워질 수 없는 트라우마가 될 것이다.

2023년은 검역이 완전히 해제되었고 잃어버린 3년을 보상받기 위해 본격적으로 휴가일을 늘리고 여행계획을 세웠다. 발칸반도의 아드리아해를 따라서 크로아티아. 보스니아, 슬로베니아 등을 여행했고, 어릴 때부터 가고 싶었던 바이킹과 트롤과 솔베이지의 나라 노르웨이를 포함한 북유럽을 다녀왔다. 트레킹으로 일본의 구마모토 올레길, 후지산 둘레길, 오제와 닛코 국립공원을 걸었다. 내 여행지가 도시에서 점차 산과 숲으로 바뀌기 시작했고 본격적으로 트레킹이 포함된 장소를 선택했다.

숲이 주는 향기에 심호흡을 하고, 산꼭대기에서 바라보는 광활한 자연 경관에 감탄하며, 바위와 흙과 청량한 바람 소리에 귀를 기울이게 되었다.

올해 2024년은 1월에 태국 골프여행, 2월에 북인도 관광, 4월에 튀르키예와 그리스 성지순례, 6월에 몽골 테를지 국립공원과 체체궁산 트레킹, 중국 웨이하이 골프여행, 8월에는 오이라세 계곡을 다시 걷고 싶어서 아오모리로 가족여행을 갔다. 9월 추석 연휴 전후에는 미국 그랜드 캐니언과 주변 5대 국립공원 트레킹을 마지막으로 2024년의 여행을 마무리했다. 10월부터 연말까지는 직장의 사정 상 진료에 매진해야 하는 시기라서 휴가도 그전에 사용해야 한다.

2024년은 거의 매달 여행을 준비하고 비행기를 탔다. 내 평생 한 해 동안 이렇게 많은 곳을 다녔던 것은 처음인 것 같다. 내 나이, 내 체력을 생각할 때 활발하게 걷고 일정을 소화할 수 있는 여행은 아쉽지만 앞으로 길어야 5년 정도만 가능할 것 같다.

여행이 즐겁고 행복한 것만은 아니다. 집을 떠나면 잠을 잘 못 자고 일정이 빡빡하면 힘들고 고생스럽다. 높은 산을 올라갈 때는 가슴이 터질 것처럼 숨이 차고, 가파른 길을 내려갈 때는

다리가 떨리고 무릎이 뻐근하다. 대부분 여행사의 단체여행을 따라가기 때문에 숙박이나 일정에 대한 것은 맡기면 된다. 여행 가방만 꾸리면 되니 개인 여행을 가는 것보다 준비하기도 쉽고 더 많이 보고 듣게 된다. 그러나 새벽부터 밤늦게까지 일정을 소화시키려면 평소에도 잘 먹고 운동을 해서 체력을 길러야 한다. 체중을 좀 늘리려고 해도 여행 한 번 다녀오면 다시 홀쭉해진다. 물론 여행 목적지에 대한 역사 공부, 책과 유튜브를 통한 사전 점검도 필요하다. 장거리 비행시간에는 방해받지 않고 독서를 할 수 있기 때문에 핸드폰에 미리 재미있는 소설들을 다운 받아 놓는다.

여행 기간에는 핸드폰 노트 앱에 여행지에서 찍은 사진을 삽입, 편집하면서 일정과 간단한 일기를 쓴다. 핸드폰에 저장이 잘못되어 며칠 동안 쓴 글이 날아가서 다시 쓰기도 했다. 버스 이동 시간에도 틈틈이 기록하고 저녁마다 호텔 침대에 누워서 하루를 정리하고 다음 일정을 검토한다. 귀국하면 시간 나는 대로 외장하드에 장소 별로 폴더를 만들어 여행 사진과 메모를 저장한다. 글을 열심히 쓰던 시기에는 이런 자료들을 갖고 수필도 썼지만 지금은 보관만 하고 있다.

내가 찍은 사진들과 함께 곁들인 여행일기 전자 문서는 아마도 삭제를 하지 않는 한 보관이 잘 될 것이다. 그러나 그 많은 것들을 다시 보고 오탈자를 수정할 수 있는 날이 있을지는 모르겠다. 세계는 넓고 할 일은 많았던 젊음은 과거가 되었다. 지금은 세계는 넓고 가 볼 곳은 많지만 갈 수 있을까를 가늠해 보는 노인이 되었다. 모든 것이 시시하고 귀찮아질 때가 오지 않는 한 계속 새로운 곳을 찾아가고 싶다. 너무 무리하지 말라고 충고를 하는 지인들도 많다. 어쩌면 과거를 회상할 시간적 여유도 없는 상태에서 생을 마감할지도 모르겠다. 내가 쓴 여행 메모와 사진들을 한번은 다시 보고 삭제할 시간도 있으면 한다. 이래도 저래도 충분히 살았고 남은 삶은 덤이다. 어차피 남은 삶도 미지의 여행이고 여행가로 살게 될 것이다.

나는 누구인가요?

2024년에는 대중소설을 아주 많이 읽었다. 속독을 하기 어려운 고전과 인문 역사책이 아니라 중국 무협지, 각종 추리, 판타지, 로맨스 소설에 이르기까지 술술 읽히는 책을 주로 읽었다. 등장인물만 100명 가까이 되는 32권짜리 중국 무협 판타지 소설도 완독했다. 가끔은 이 나이에 이래도 되나 싶기도 하다. 눈이 **뻑뻑**하면 인공눈물까지 넣으면서 휴대폰(다행히 화면이 큰 폴드 휴대폰)으로 책을 읽는다. 장거리 비행기에서 잠도 못 자는 내게 휴대폰 안에 저장한 수많은 책들은 축복이 아닐 수 없다.

지난 삶의 대부분은 학업과 의사로서의 직업과 사회활동이 즐거움이었고 의무였다. 타인을 의식하면서 남들이 기대하는 나를 만들며 사는 것에 익숙해 있었다. 지금은 나를 둘러싼 담장을 넘어 초원을 달리는 기분으로 하루하루를 살고 있다. 나를 즐겁게 하는 것들을 즐기고, 나를 매혹시키는 것들을 가까이하고 싶다. 만나서 좋은 사람들만 만나고 싶다. 나이 들어 잡다한 즐거움에 취하는 것이 인생을 너무 가볍게 사는 것은 아닐까 잠깐 고민하기도 한다. 과거의 나와 지금의 나는 변한 것일까? 쓸데없는 고민까지 자유롭다.

어렸을 때부터 내 방 한쪽 벽은 책과 음반으로 가득했는데 거의 대부분 세계문학전집, 브리타니카 백과사전은 물론 꽤 괜찮은 전축과 각종 전집으로 된 고전음악 레코드판들이다. 필요해서 구매한 것이 아니라 대부분 친지들이 방문판매하는 것을 마음 약한 어머니께서 팔아주신 것들이다. 어머니의 이런 자비심은 책만 보면 읽어야 하는 맏딸에게 독서의 즐거움은 물론 클래식 음악 감상이라는 우아한(?) 취미까지 만들어 주셨다. 대학입시를 준비하기 전까지는 고전을 읽는 바람직한 독서생활 외에도 강신재 작가의 〈젊은 느티나무〉 등 애틋한 청춘소설들도 사춘기의 내 가슴을 두근거리게 했다.

의과대학에 들어와서는 의학 전공서적을 주로 읽어야 했지만 틈틈이 문학잡지나 베스트셀러들, 당시 좋아했던 이문열 작가의 소설들, 종교서적과 인문학에 관련한 글들을 주로 읽게 되었다. 그 당시는 뭔가 내 인생에 도움이 될 수 있는 책을 읽기 위해 노력했다고 볼 수 있다.

산부인과를 개원하면서는 분만을 기다리는 동안 병원 근처에 있는 도서와 DVD 대여점에 있는 책과 영화들을 장르에 관계없이 거의 다 보게 되었다. 그 이후 의사회와 의사협회에 관여하면서 보건의료법, 의사단체의 역사, 건강보험법, 의료사고와 관련한 서적들을 많이 접하게 되었다. 그 모든 임무와 업무에서 벗어난 지금은 재미있는 소설에 본격적으로 입문하여 절대로 졸리지 않고 지독하게 몰입이 잘 되는 대중소설에 매료되고 있다. 요즘 내가 읽는 책들을 어렸을 때 접하지 못한 것이 참으로 다행이 아닐 수 없다. 틀림없이 학업에 지장을 주었을 것이다.

자신이 어떤 사람인지는 70세가 되어야 알게 된다고 쇼펜하우어가 말했다고 한다. 니체는 남이 칭찬하는 길은 나의 길이 아니고 남의 길이라고 했단다. 나는 내가 어떤 사람인지 알고 있을까? 물론 조상들로부터 물려받은 유전자의 역할도 크겠지만 내가 어떤 사람인지는 내가 살아온 세월일 것이다. 여가 시간을 독서에 몰두하다 보니 다양한 독서를 통해 사고영역이 넓어졌다. 호기심이 생기고 도전의식이 생겼다. 그러다 보니 다양한 삶 속에 살고 있는 사람들에 대한 편견이 없어지고 열린 마음이 생겼다. 반면에 줏대가 없고 고집이 없는 것이 단점이고 장점이다. 책을 통해 얻은 타인의 경험들이 내가 선택한 길에 장애물이 많아도 해결할 수 있다는 희망을 주기도 했다.

　책을 읽다 보면 역사의 현장이나 책 속에서 언급된 장소에 가보고 싶었고 이제 여행을 통해 그 욕망을 채워가고 있다. 지속적으로 일을 하느라 항상 몸을 움직이고, 건강 유지를 위해 운동을 하다 보니 운동이 취미 생활이 되었다. 건강한 식습관을 갖다 보니 그게 내 선호식이 되었다. 좋아하는 음식과 좋아하는 일들이 내 정신과 신체를 다듬었다. 실수도 많이 하고 부끄럽고 모자라는 점들도 많았지만 지나 온 내 삶이 나일 것이다. 그래도 그중에서 나를 만드는데 가장 기여한 것은 제목도 내용도 다 기억하지 못하는 내가 읽어 왔던 책들일 것이다.

　앞으로 읽는 책들과 새로운 경험들이 지금 내가 알고 있는 나를 계속 변화시킬 수도 있을 것이다, 세상 곳곳을 다녀보고, 판타지 소설과 무협지와 추리소설을 계속 읽다 보면 구름 위를 날 듯 날개를 단것처럼 살게 될지도 모르겠다. 내 나이 80이 되어서, 90이 되어서도 살아 있다면 그때쯤 내가 누구인지 더 확실해 질지도 모른다. 계속 정신 똑바로 차리고 변화하는 나를 지켜보고 싶다. 결국 과거의 나도 나 자신이고 현재의 나도 나이고 미래의 나도 나일 것이다.

박문일

profile

서울 출생
한양의대, 동대학원 졸업(의학박사)
한양대학교병원 산부인과 전문의 수료(산부인과 전문의)
한양대학교 의과대학 학장, 의학전문대학원 원장 역임
한국모자보건학회 회장, 이사장 역임
대한태교연구회 회장(현)
동탄제일병원장(현)

저 서 | 『베이비플랜』, 『해피버스플랜』, 『감성뇌태교동화』 외 다수
주 소 | 경기도 화성시 석우동 42-1 동탄제일병원 자궁경부무력증센터
까 페 | cafe.naver.com/babyplan119

못사랑

가수 심수봉이 작사, 작곡했다는 〈비나리〉라는 곡이 있다. 마지막 가사가 '아, 사랑하게 해 줘요'이다. 1994년에 발표된 곡이라고 하니 벌써 30년 전 발표된 노래인데 들을 때마다 '참 심수봉은 천재야'라는 생각을 하면서 듣게 된다. 물론 심수봉 팬이기 때문이겠지.

누구를 사랑하고 싶은데 사랑을 하지 못하는 처지가 안타까워 내뱉는 말이 "사랑하게 해 줘요"이겠다. 서로 사랑한다면 연인일 텐데 어느 한쪽의 사연으로 사랑하지 못하는 사연은 유행가 가사로 차고 넘친다. 유행가의 60% 이상이 '사랑'이 주제라는데, 또 그 대부분은 이루어지지 못하는 안타까운 사랑 내용이라고 하니... 바꿔 말하면 '사랑하게 해줘요'가 유행가 가사의 대부분을 차지하고 있는 것이다.

뜬금없이 사랑타령을 하려고 이 글을 시작하지는 않았다. 지금은 초등학교 4학년이 된 외손녀가 어릴 적 내 아내에게, 그러니까 외할머니에게 내뱉었다는 말이 갑자기 생각나서이다.

딸 부부는 의사이다. 둘 다 임상강사 시절에 딸, 아들 쌍둥이를 낳았는데 부부가 모두 진료하느라, 논문 쓰느라, 바쁘디 바쁜 와중에 하나도 아닌 쌍둥이를 낳고 보니 고스란히 외할머니가 양육을 거의 책임지게 되었다. 딸 부부는 아이를 돌봐 줄 이모를 채용하였으나 쌍둥이에게 가는 손이 워낙에 많다 보니 아내가 할 수 없이 손 벗고 도와주게 된 것이다. 아침에 딸네 집으로 출근하고 저녁에 퇴근하는 일상이 몇 년간 반복되면서 나는 제대로 된 저녁식사 한 번 하지 못하고 몇 년을 보내야 했다. 물론 나보다는 아내의 고생이 더욱 심했지만.

아내는 쌍둥이를 지극정성으로 키워주었다. 아이들이 먹는 유아식은 물론 의식주를 모두 챙겨 주다 보니 병이 날 정도였는데도 아이 키우는 보람에 아내는 불평 한 마디 안 하고 아이 둘을 키워주었다.

그러던 어느 날 아이들이 4살 때쯤 되었을까. 아내가 아이들이 말을 안 듣고 장난을 너무 심하게 치니 야단을 좀 쳤나 보다. 외손녀가 갑자기 "할머니, 나 못사랑하게 할 거야!"라고 하더란다.

"응?"

'못사랑이 무슨 말인지?' 잠시 할머니가 생각하고 있으려니 "나 사랑하지 못하게 할 거야"라고 고쳐 말하더란다. 아마도 네 살박이 손녀는 할머니가 자신을 끔찍하게 사랑하고 있으니 자신을 사랑하지 못하게 하는 것이 가장 큰 복수라고 느꼈나 보다. 아내는 "아니야, 사랑하게 해줘" 하고 다시 손녀를 꼭 끌어안아 주었다고 했다.

유행가 〈비나리〉의 마지막 가사가 다시 생각나는 순간이었으나, 일순 아내의 손녀에 대한 사랑은 유행가 〈비나리〉의 사랑과는 차원이 다른 사랑일 것이라는 생각이 들었다. 하여 사랑에 대한 짧은 공부를 해보았다.

사랑을 삼각형 이론으로 설명한 학자가 있다. 1986년 심리학자 Robert Sternberg는 사랑을 다음의 세 가지 요소로 설명하였다. 친밀감, 열정, 헌신이 그것이다. 이 세 가지 요소의 조합에 따라 다양한 형태의 사랑이 나타난다고 하였다.

우선 **친밀감(Intimacy)**은 정서적 연결이다. 이 요소는 두 사람이 서로에게 얼마나 감정적으로 가까운지를 말한다. 공유하는 대화, 비밀, 그리고 상호 지원이 포함된다. 또한 친밀감이 높은 관계에서는 서로에 대한 신뢰와 깊은 이해가 기본이 된다. 서로를 잘 알고, 서로의 감정을 존중하며, 상대방의 입장에서 생각하려는 노력이 중요하다.

열정(Passion)은 낭만적 흥분이다. 주로 물리적, 성적 매력에서 기인하며, 강렬한 감정과 흥분을 동반한다. 이는 관계 초기에 흔히 나타나는 요소로, 시간이 지나면서 변할 수 있다. 또한 열정은 때때로 상대방을 이상화하는 경향이 있다. 이는 상대방의 긍정적인 면을 극대화하고, 부정적인 면을 간과하는 것을 말한다.

마지막으로 **헌신(Commitment)**은 단기적으로는 결심이다. 즉, 한 사람이 다른 사람과 함께 있을 것을 결정하는 의지이다. 이는 관계의 초기 단계에서 중요한 역할을 한다. 또한 헌신은 관계를 장기적으로 유지하려는 의지와 노력이다. 이에는 결혼, 공동의 목표 설정, 장기적인 계획 등이 포함될 수 있다.

위 세 가지 요소가 어떻게 조합되느냐에 따라 다양한 형태의 사랑이 나타난다. 예를 들면 다음과 같다.

우정(Friendship)은 친밀감만, 즉, 깊은 우정을 기반으로 한 관계로, 열정이나 헌신이 없는 경우이다.

열정적 사랑(Infatuation)은 열정만, 즉, 주로 짧고 강렬한 감정으로, 다른 요소가 부족할 때 나타난다.

공허한 사랑(Empty Love)은 헌신만, 즉, 친밀감이나 열정이 없이 단지 헌신만으로 유지되는 관계이다.

낭만적 사랑(Romantic Love)은 친밀감 + 열정, 즉 서로에게 감정적으로 가까우면서도 성적 매력을 느끼는 사랑이다.

친구 같은 사랑(Companionate Love)은 친밀감 + 헌신, 즉, 성적 열정은 적지만, 깊은 우정과 헌신이 있는 사랑이다.

어리석은 사랑(Fatuous Love): 열정 + 헌신. 즉, 깊은 친밀감 없이 열정과 헌신만으로 빠르게 발전하는 사랑이다.

완벽한 사랑(Consummate Love)은 친밀감 + 열정 + 헌신이 된다. 즉 이상적인 사랑의 형태로, 세 가지 요소가 모두 갖춰진 사랑이다.

단편적이나마 사랑에 대하여 이렇게 알아 가보니, 이 이론은 사람들이 다양한 사랑의 형태를 이해하고, 관계의 건강과 성장을 돕는 데 유용한 프레임워크를 제공하는 듯하다.

그런데, 위에 열거한 여러 가지 사랑보다 더욱 위대한 사랑이 있으니 그것은 아마도 '내리사랑'이 아닌가 한다. 동서양 고금에 걸쳐 '내리사랑'이라는 말이 있다, 부모가 자녀에게 가지는 사랑이다. 영어로는 'parental love'라고 불린다. 내리사랑은 무조건적이고 희생적인 사랑으로, 부모가 자녀의 행복과 안녕을 위해 자신을 기꺼이 희생하는 것을 포함한다. 이 사랑의 특징은 다음과 같다.

무조건적 사랑: 부모는 자녀가 어떤 상황에 있더라도 그들을 사랑하며 지원한다. 자녀의 잘못이나 실수를 이해하고 용서하는 마음을 갖고 있다.

희생적 사랑: 부모는 자녀의 행복과 안녕을 위해 많은 것을 희생한다. 자신의 시간을, 자원을, 에너지를 자녀를 위해 쏟아붓는다.

보호와 양육: 부모는 자녀를 보호하고 양육하는 역할을 담당한다. 자녀가 안전하게 성장할 수 있도록 돌보고, 교육하며, 정서적 지원을 제공한다.

지속적인 사랑: 내리사랑은 시간이 지나도 변하지 않는다. 자녀가 성인이 되더라도 부모의 사랑은 계속된다.

결론적으로 내리사랑은 인간의 가장 깊고 본능적인 감정 중 하나로, 부모와 자녀 간의 강력한 유대감을 형성하는 중요한 요소가 된다. 그리고 물론 '완벽한 사랑'의 요소를 다 갖춘 사랑이 된다.

어린 외손녀가 아내에게 "못사랑하게 할 거야"라는 말을 들었다고 했을 때 나는 아내에게 "내리사랑인 걸 어쩌겠어요. 크면 알게 되겠지요. 외할머니의 완벽한 사랑을…"이라고 위로해 주었던 기억이 난다.

"아직은 괜찮아요"

지방에서 올라온 어느 임신부가 있었다. 진료 차례가 되자 유모차를 밀고 들어온다. 그런데 유모차에 앉은 아기가 꽤 크다.

"몇 살이지요?"

물어보니 만 4살이 넘었다고 한다.

"아이구. 그런데 아직도 유모차를 타는구나."

말을 내뱉는 순간 나는 큰 실수를 했음을 직감하였다. 아기가 목을 가누지 못하는 것이었다. 그 임신부는 자신의 과거력을 이야기하면서 연신 눈물을 쏟아내었다. 듣고 있던 간호사도 손수건으로 계속 눈물을 닦아낸다. 잠시 안정시키고 들어본 그 임신부의 과거 산과력은 다음과 같다.

5년 전 몇 차례의 시험관 수정으로 첫 임신을 한 그녀는 집 근처의 산부인과를 다니고 있었다. 임신 22주쯤 되었을 무렵, 진료하던 의사가 심각한 표정으로 다음과 같은 말을 했다.

"자궁경부가 많이 짧아졌어요. 자궁경부무력증인 것 같아요."

"예? 그러면 어떻게 해야 되나요?"

"양막이 질 쪽으로 내려오고 있으니 빨리 대학병원으로 가서 수술하셔야 될 것 같아요"

그러나 대학병원으로 전원 된 그녀는 담당 의사로부터 이런 말을 들었다고 했다.

"아직 괜찮아요, 좀 더 지켜보기로 하지요."

"수술하지 않아도 되나요?"

"수술은 위험하고, 오히려 합병증만 만들 수 있으니 좀 더 지켜보지요."

입원한 그녀는 1주 동안 침대에서 변과 소변을 받아내며 절대안정을 취하면서 결국 별다른 조치도 받지 못한 채 결국 임신 23주에 양막이 파열되어 조산으로 진행되었다. 초저체중아로 태어난 아기는 뇌병변이 발생해 아직 재활병원을 다니고 있는 것이다. 그녀는 당시 의사의 "아직 괜찮아요"라고 했던 말을 믿고 아무런 능동적인 조치 없이 1주를 보내면서도 다른 대학병원이나 전문병원을 알아보지 못한 것이 천추의 한이라고 했다.

필자는 지금 그 대학병원 의사가 잘못했다고 이 글을 쓰는 것이 아니다. 그의 말도 맞을 수 있다. '위험한' 수술을 하지 않고도 호르몬 질정 등을 사용하면서 임신기간을 좀 더 유지할 수만 있었다면 좋은 결과로 귀결될 수도 있었을 것이다. 수술하다가 양막이라도 터지면 의사가 큰 비난을 받을 수도 있는 반면, 수술 없이도 아기가 건강하게 태어나는 임신 주수까지 연장될 수 있다면 임신부 입장에서는 임신 중 수술과 마취의 부담도 덜어지는 선택이다. 그러나 결과와 상관없이, 굳이 그 의사의 실수(?)를 지적한다면 "아직 괜찮아요"라고 했던 말이 아닌가 한다. 그 말도 물론 임신부를 안심시키려는 의도가 있었겠지만.

대학병원 재직 시절 나는 전공의들에게 "환자들에게 괜찮다는 말을 함부로 사용하지 말아라", "90% 이상 확신이 들 때도 괜찮지 않은 경우가 있다", "괜찮다고 했다가 합병증이라도 생기면 의사에게 책임이 돌아온다", "괜찮다고 말해주려면 그 말에 책임을 져야 한다" 등등의 말을 해 주었던 기억이 있다. 우리나라에서 대표적인 필수의료 과목이면서도 의사들이 가장 많이 기피하는 임상과가 산부인과가 아니던가. 험한 우리나라 산부인과 진료 현장을 살아가야 하는 제자들에게 이런 방어진료적인 말들을 강조해 주었어야 했던 현실이 참으로 답답했었는데, 아직도 그 현실은 현재진행형이다.

자궁경부무력증의 수술적 치료방법(원형결찰술)은 세 단계가 있다. 첫 단계는 예방적인 수술이다. 조산의 과거력이 있거나 자궁경부 원추절제술 등등의 과거력이 있을 경우 대상이 될 수 있다. 두, 세 번째 단계는 치료 목적의 수술이다. 경부 내부로 양막이 내려왔을 경우 2단계인 긴급수술(Urgent cerclage) 대상이고, 질 내부까지 양막이 내려온 경우가 3단계인 응급수술(Emergent cerclage) 대상이다. 위에 언급한 임신부의 경우는 3단계에 해당될 것이다.

이런 응급수술대상이 아니더라도 산부인과 진료현장에서는 조산의 예방적 수술 대상이 될 수 있는 임신부가 꽤 있다. 이런 임신부가 병원에 찾아왔을 경우에도 "아직 괜찮다"라는 말을 하지 않았으면 한다.

"예방수술을 하지 않아도 되나요?"
"아직 괜찮으니 기다려 보지요."
"언제까지 기다려 보나요."
"자궁경부가 짧아지면 그때 판단하기로 하지요."

그런데 의사의 "기다려 보자"라는 말을 듣고 있다가 경부 길이가 단축되어 치료가 필요해지는 경우들이 빈번하다. 이런 경우 자신의 병원에서 치료 수술까지 해 주면 좋을 텐데, 수술 자체가 부담되고 어려우니 "큰 병원으로 가시지요"라면서 상급

병원으로 보내 버리는 경우가 많은 것이다.

독감의 예를 들어보자. 가을철이 되면 독감예방주사를 맞는 시즌이 시작된다. 여기서의 '예방'주사란 독감이 걸리기 전에, 즉 건강할 때 맞는 것이다. 그러나 모든 사람에게 예방주사를 강요할 수는 없다. 환자 자신의 선택이다. 스스로의 선택으로 예방주사를 맞지 않았다가 독감이나 폐렴이 된다면 그때는 예방이 아니라 치료를 받아야 하지만, 그것은 본인들 스스로의 선택의 결과이다. 의사에게 책임이 돌아오지 않는다.

자궁경부무력증 예방수술도 마찬가지이다. 예방수술을 하지 않았다가 양막이라도 내려오면 그때는 긴급 또는 응급 치료 목적의 수술이 필요하게 된다. 그렇게 되면 아기를 건강하게 살릴 수 있다는 보장도 없다. 그러니 지금 '괜찮다고' '예방수술을 하지 않아도 된다'라는 말을 함부로 해서는 안 되는 것이다. 독감예방주사 맞지 말고 독감이나 폐렴이 발생할 때까지 기다리라는 격이다. 그러므로 아직 정상 과정에 있는 임신부 본인에게 예방수술의 선택권이라도 주어야 하지 않는가. 나쁜 결과가 오더라도 임신부 스스로의 선택 결과이다. 안타깝지만, 이 역시 의사에게 책임을 물을 수는 없다.

작금, 온 나라가 의료대란으로 신음하고 있다. 이 미증유의 의료대란을 보는 나의 견해는 다음과 같이 요약될 수 있겠다.

'정부 왈, 필수의료를 하는 의사들이 부족하다. 그러므로

의대 입학정원을 2,000명 늘리겠다. 의료계 왈, 몇 천 명을 늘리더라도 현재의 전공의나 향후 의사가 될 학생들은 필수의료를 할 마음이 없다. 필수의료를 할 수 있도록 의료 환경부터 바꾸어라.'

 양측의 주장은 끊임없는 평행선을 달리고 있다. 연초에 시작된 이 의료대란은 이제 해를 넘길 조짐이 보인다. 이 답답한 현실에서 필수의료를 담당하는 의사들이 스스로를 방어하자는 방어의료 개념으로 이 글을 쓰게 되었으나 그래도 아직 답답함은 풀리지 않고 있다.

박종훈

profile

(전)고려대학교 병원장
고려대학교 의과대학 정형외과 교수(근골격계 종양 전공)

저 서 | 『당신 잘못이 아닙니다』
번역서 | 『알기쉬운 정형외과학』
주 소 | 서울시 성북구 고려대로 73 고려대학교병원 정형외과
이메일 | pjh1964@hanmail.net

악몽 惡夢

답안지에 답을 한 칸씩 밀려 썼다는 사실을 시험 종료 5분 전에 알았다. 새 답안지를 받아서 정신없이 수정하기는 했지만 제대로 했을 리가 없다. 그런데 이런, 문제는 그게 다가 아니었다. 제출하면서 보니, 시험지 마지막 장을 못 본 것이다. 아예 손도 못 댄 마지막 장이 있었다. 여기서 낙제하면 1년 유급인데, 돌아버릴 상황이다. 땀을 뻘뻘 흘리면서 해결책을 모색하다가 잠이 깼다. 어휴, 다행히 꿈이다. 다시는 시험을 안 봐도 되는 나이임에도 불구하고, 이런 꿈을 1년에 한두 번은 꿨다. 대체로 피곤하거나 스트레스받는 일이 있었던 날에 그랬던 것 같은데, 언젠가 의사들 모임에서 나의 꿈 이야기를 했더니 모임에 참석한 의사들 대부분이 자기도 그런 꿈을 꾼단다. 이상한 것은 나는 의과대학을 다니면서 시험에 대한 스트레스가 그다지 많았던 편은 아니라고 생각했는데 그런 내가 이런 악몽을 수시로 꾼다는 것은 혹시 내게도 시험은 무의식중에 대단한 스트레스였던가? 라는 생각을 하게 한다.

우리 집은 내가 대학을 다닐 당시 구로구(지금의 금천구) 시흥이라는 곳이었다. 이른 새벽 시간에 집을 나서도 학교까지는 1시간 반 정도가 걸렸고 낮에는 2시간 이상이 걸렸다. 대학은 강북의 끝자락에 가깝고 집은 서울의 남쪽 끄트머리였으니 그랬다. 요즘 학생 같으면 아마 학교 인근에 원룸이나 오피스텔을 구했을 텐데, 80년대 당시만 해도 수도권이 집인 학생은 당연히 통학했었다. 그나마 다행인 것은 동네가 버스 종점이라 학교까지 가는 길의 중간인 서울역 근처까지는 내내 앉아서 푹 잘 수 있었고 서울역 부근에 내려서는 서늘한 새벽 공기를 마시면서 대학로 근처까지 오는 버스를 기다리곤 했다. 평소에도 새벽에 집을 나서서 학교에 다녔지만, 문제는 시험 기간이었다. 시험 기간에는 아침 6시 반이 넘으면 도서관 자리를 잡기는 어려워서 택시 타고 오는 친구들도 있었는데, 나는 집이 워낙 멀어서 택시는 엄두를 못 내고 늘 새벽 첫 버스를 놓치면 안 됐다. 문제는 또 있었다. 시험 기간이 하루 이틀, 아니 일주일 정도면 그럭저럭 어떻게 해 볼 텐데, 의대 시험은 2~3일에 끝나지 않고 대개 2~3주 동안 치러진다. 여기에다가 재수 없으면 재시험에 걸리고 그러면 거의 한 달 동안 시험을 치러야 한다. 그러니 그 긴 기간 동안 집에서 다니는 것은 그야말로 보통 일이 아니라 종종 학교서 가까운 곳에 사는 친구 집에 가서 자고 함께 학교로 오곤 했었다. 그렇게 신세 진 친구 어머니가 한두 분이 아니다. 좋았던 것은 대부분 친구가 우리 집보다 잘사는 집들이라 쾌적했고 여유로웠다. 의대생 아들과 친구가 함께 시험공부 한다니 어찌나 잘해주셨나 모른다. 어쩌면 내게는 시험 기간이 즐거운 시간이었을 수도 있다. 태어나서 핫케이크라는 음식을 처음 먹어 본 것도 친구 집에서 새벽에 친구 어머님이 해 주신 것이라 지금도 핫케이크만 보면 그때 생각이 난다. 앞서 잠깐 언급한 80년대 의대는 재시험 제도가 있었는데 60점 이하던가? 아무튼, 성적이 나쁘면 시험을 다시 보는 제도였다. 나는 의대 생활 전체 기간 딱 한 번 재시험을 봤으니 내게는 시험이 그렇게 힘든 시간은 아니었는데 나이 오십이 가까울 때까지도 시험을 망치는 꿈을 꿨으니 기억과 달리 당시 시험은 보통 일은 아니었나 보다. 꿈에서 깰 때마다 '정말 다행이야. 이제는 다시는 긴장하면서 시험을 치를 일이 없으니'

그런데 이상한 일은 시험 보는 악몽이 사라지는가 싶던 오십 대에 새로운 악몽이 등장하기 시작했다.

수술 중이었다. 무릎 아래 하지에 반복적으로 재발하는 육종을 가진 조선족 동포가 있었다. 진료실에 들어오는 순간 특유의 비릿하고 역겨운 생선 썩는 냄새가 내 코를 자극했다. 이런, 어디선가 살이 썩는구나. 병변 부위의 감아놓은 붕대를 풀어보니 땅을 뚫고 솟아난 버섯처럼 생긴 시커먼 아이 손바닥만 한 육종에서 피가 뚝뚝 떨어지고 있다. 붕대의 압력이 제거되니 피는 그치지 않고 흐른다. 비릿한 냄새의 원인이 이것이었다. 중국에서 진단하고, 수술받고 방사선 치료까지 했단다. 그리고 한국에서도 두 번이나 수술했고, 이 정도면 쉽지 않은 상태일 것이 분명한데, 역시나 MRI로 보이는 상태는 훨씬 더 암담했다. 무릎 위에서 절단할 수밖에 없음을 설명했고 수술을 하기로 했다.

수술 전날 저녁에 이런 꿈을 꿨다.

열심히 수술하는 도중이었다. 절단술은 우선 어느 부위에서 뼈를 절단할지를 결정하고 피부에 디자인한다. 절단선보다 피부 절개선은 훨씬 길다. 뼈를 덮어야 하니까. 디자인된 그림을 따라서 피부를 절개하고, 근육을 앞에서부터 차근차근 자르기 시작한다. 혈관은 잡고, 신경은 끊고, 출혈 부위는 잡고. 이렇게 차근차근 진행하는 데 갑자기 환자가 벌떡 일어나더니 내 손에서 메스(수술용 칼)를 뺏더니, 자신의 배를 확 가르는 것이다.

이렇게 살 바에는 차라리 죽겠다고. 순식간에 벌어진 일이다. 수술실은 아수라장이 됐다. 환자의 장이 튀어나오고. 신기하게도 그 와중에 내 눈에는 환자의 전립선도 보였다. 뭘 어찌해야 할지 멍한 상태에서 깼다. 다행히 꿈이었다.

그렇다. 언제부터인가 지독하게 수술이 안 되는 악몽을 꾸기 시작했다. 시험을 망치는 꿈이 없어지더니 이제는 수술을 망치는 꿈을 꾸기 시작했다. 나, 참, 경험이 적어서 수술에 자신이 없던 30대 후반도 아니고 안정적으로 수술할 50대에 이런 꿈을 꾸니 이게 말이 되는가? 왜 이 나이에 이런 꿈을 꿀까? 예전의 내가 그렇게나 수술에 스트레스를 받았나? 수술이 스트레스가 아니라면 그건 거짓말이겠지만 왜 스트레스받던 그 시절에는 없던 악몽을 이제 꾸냐는 말이다.

환자가 바뀌는 꿈도 꾸고, 수술 끝나고 나왔는데 환자가 수술이 잘 못 됐다고 수술 부위를 까서 보여주는 꿈도 꾸고. 시험 보는 꿈과는 장르가 다르게 다양하기는 하다.

그렇게 꿈을 꾸고 수술하는 당일. 평소와 달리 환자분이 수술실에 입실하기 전부터 수술실에 들어가 있었다. 통상적으로는 환자가 수술실에 입실한 뒤 마취할 무렵이나 마취가 된 뒤에 들어가는데 그날은 아예 방에 먼저 들어가서 환자를 기다렸다. 마취과 선생님이, "VIP인가요? 왜 이렇게 일찍 들어오셨어요?" 하길래 꿈 이야기를 해 줬다. 그리고 당부했다. 절대로 수술 도중에 깨면 안 돼!라고. 전신 마취 환자가 중간에 깨어난 다니 말도 안 되는 일을 염려하는 것이다.

　누군가를 수술한다는 것, 그것도 암 환자를 수술한다는 것은 참 힘든 일이다. 정형외과 영역에서 암 수술하는 나로서는 두 가지 유별난 어려움이 있다. 대부분의 외과 의사는 평생 특정 부위를 수술한다. 무릎 전공자는 무릎 주위, 척추 외과의는 척추를. 그런데 근골격계 종양을 전공하는 정형외과 의사에게는 그런 장점이 없다. 우리 몸 어느 곳이든 뼈나 근육이 있는 곳이라면 발생한다. 그러니 매번은 아니지만, 종종 익숙지 않은 부위를 찾아 들어가야 하니 이게 스트레스다. 그것뿐이랴. 분명 잘 떼어낸 부위에서 걸핏하면 재발 된다. 그런 이상한 녀석들이 심심치 않게 있다. 수술 전에 이미 몸 구석구석에 씨를 뿌리고 있는 암이 있는 것이다. 수술 당시에는 보이지 않던 놈이 수술 후 정체를 드러내고, 그런 상황이 되면 정말 환자분께 면목이 없다. 난들 그 멀리에 씨를 심어둘 줄 알았나. 그러니 정년까지 열심히 수술했던 선배님, 은사님을 생각하면 존경하는 마음이 절로 생긴다. 정년이 5년 남았다. 앞으로 또 얼마나 악몽을 꿀까? 이게 뭐 좋은 직업이라고 의대를 가고 싶어 할까? 아니지, 이런 분야만 피하면 되니까 그렇게 말할 수는 없지. 그래서인가? 최근에는 정형외과 종양학을 하겠다는 젊은 의사는 아예 없다. 개업도 안 되고, 보수는 낮고, 스트레스는 높고, 안 하겠다는 것이 당연하다. 정말 다행한 것은 악몽을 꾼 수술은 늘 결과가 좋다는 것. 그래도 악몽은 싫다. 5년만 버티자. 정년 퇴직하면 다시는 칼 잡지 않으리. 그런데 내가 퇴직하고 나면 누가 이어서 할까나. 퇴직 후에는 또 어떤 꿈이 나를 힘들게 할까? 의사의 삶은 참 힘들다.

내가 할아버지가 된다고?

'할아버지, 할머니 저는 △△예요. 지금은 엄마 배 속에 있는데요, 몇 달 후에 뵐게요, 반갑게 만나요'라는 카드를 받고 여동생은 눈물을 흘렸다고 한다. 결혼한 조카가 아내의 임신 사실을 제 엄마에게 이런 식으로 알렸다. 참 재치 있고, 가슴 뭉클한 이야기다. 전해 들은 내가 눈물이 났으니 말이다. 그리고 얼마 뒤에 여동생은 드디어 할머니가 되었다. 우리 형제 가운데 제일 먼저 손주를 봤다. 손주를 안고 웃는 사진을 보내왔는데 그저 신기할 따름이다. 작은 집에서 음식 가지고 티격태격하던 꼬맹이들이 어른이 돼서 결혼을 하고, 자식을 본 것도 신기한데 이제 손주라니 말이다.

내게는 3년 전에 결혼한 딸이 있다. 의과대학을 졸업하자마자 결혼하고 인턴을 거쳐 지금은 레지던트다. 전공의라 임신을 안 하고 있나?라는 생각은 했지만 은근 궁금하고 걱정도 됐다. 혹여 노력은 하는데 아이가 안 생기는 것은 아닌지. 요즘은 결혼 연령이 높아지면서 불임 부부가 많아서 아이가 없는 부부가 드문 편도 아니고, 사실 나는 내 아이들에게 자식이 없다 해도, 그것이 그들 부부의 결정이라 한다면 충분히 받아들일 자세는 돼 있지만, 왠지 딸이라 그런지 마음은 편치 않았다. 사돈댁은 당연히 손주를 기대하고 있을 거라서 말이다. 그러던 어느 날, 평소 전화를 자주 하지도 않는 딸이 전화해서는 "아빠, 나 임신했어요"라고 무심하게 툭 던지듯 말한다. 얼떨결에 듣고 보니 나 또한 환호성을 지르기보다는 "아, 그래?" 그렇게 말하고 끊었다. 나중에 아내에게 들었는데 아빠가 아주 좋아하는 것 같지는 않아서 서운했다고 한다. 그러면 조카처럼 서프라이즈를 하던가.

언젠가 아들과 단둘이 여행을 한 적이 있다. 녀석이 군대 제대하고 복학하기 직전이었다. 복학하고 나면 단둘의 여행은 불가능할 것 같아서 갑작스레 2박 3일 일정의 일본 여행을 떠났다. 나의 어릴 적 우리 가족 이야기, 나도 기억에 없는 고향이야기, 나의 연애담(실패했던 이야기 포함)과 결혼했을 때의 이야기 그리고 아들이 자라는 동안 녀석에게 미안했던 이야기 등등

많은 이야기를 했다. 걸으면서도 했고, 식사하면서도 하고, 차를 마시면서도 조금씩 조금씩 생각나는 대로 들려줬다. 종일 떠드는 나의 이야기를 다행히 아들은 재미있게 들어주고 때로는 질문도 하고, 그러다가 문득 이런 말을 한다. "그런데 왜 제게 이런 말을 계속하세요? 어디 아프세요?"라고. 그래서 이렇게 대답을 했다.

"생각해 보니, 어른이 돼서 결혼하고 자식과 아내가 생기는 동안 한 번도 어른은 어떠해야 하는지, 가장은 어떻게 살아야 하는지를 배운 적도 없고 들어본 적도 없었거든. 결국, 내가 할 수 있었던 어른의 행동은 할아버지가 살아온 방식을 본 것뿐인데 그렇게 살았더니 말이지, 후회가 많이 남더라고."

"너도 기억나는 일들 있지 않아? 아빠는 왜 저럴까 하는 생각을 자라면서 하지 않았니? 분명 그런 일들이 있었을 거야. 거기에 대해서 우리는 서로 묻지도 않고 대답도 안 했잖아. 그렇게 생각 없이 살다 보니 어느덧 너도 어른이 되었다는 생각에, 아빠가 서둘러서 이런 기회를 만든 거야. 이제 너와 대화할 기회가 많지 않을 거라는 생각에 말이지"

"에이, 왜 그렇게 생각하세요. 물론 아버지가 저희에게 한 모든 일을 잘했다고 볼 수는 없지만, 그건 아이 때 시각이기도 하고요, 전반적으로 잘하셨어요. 늘 열심히 사느라 저희 챙길 시간 없으셨던 것 다 이해해요. 그리고 시간이 왜 없어요. 앞으로도 한참을 더 사실 텐데요?"

그렇게 2박 3일의 여행을 했고, 아들은 둘만의 여행을 또 가자고 했다. 역시 그 후로 한 번도 같이 한 적은 없지만 말이다.

아버지로서 살아가는 법은 무엇일까? 늘 인자한 것인지, 아니면 인자함은 아내에게 양보하고 엄한 아버지로 가는 게 맞나? 알 길이 없다. 분명한 것은, 나는 아버지로부터 좋은 아버지의 역할을 배운 적도 없고, 그렇다고 아버지를 통해 본받을 만한 아버지상이 그려지지도 않았던 것 같다는 거지. 나의 아버지는 늘 자기주장이 강했고, 어머니를 힘들게 했고, 자식들에게는 무관심했다는 것만 기억하고 있다. 분명 나는 그렇게 기억하는데 돌아가시기 전에 아버지는 동생에게 말하기를 당신은 평생 가족을 위해서 산 것밖에 한 일이 없다고 기억하시더라는 것이다. 그 소리에 우리 가족 모두는 빵 터졌다. 제일 먼저 웃은 분이 어머니였다. 기가 찬다는 표정이셨다고 한다. 그런데 신기한 것은 아버지가 돌아가신 지 햇수로 7년인데 종종 아버지와 함께했던 기억이, 전에 없었던 기억이 새롭게 떠오른다. 그것도 좋은 기억이 말이다. 어린 내가 상을 타오면 그렇게 좋아하시고, 어디를 가든 꼭 나를 앞장세웠던 것도 같고(심지어 술집도 몇 번 따라갔던 것 같다) 대학에 입학했을 때 덩실덩실 춤을 추셨던 것도 같다. 전에 없던 기억이 왜 나는 걸까? 흥미로운 것은 막냇동생과 나는 10년 차이가 나는데 동생은 아버지를 자상한 분으로 기억한다는 것이다. 실제로 아버지는 막내에게는 그랬던 것 같다. 막둥이라 그랬을 거라 생각을 하다가 최근에 생각난 것이 '아하. 아버지도 아버지로 사는 방법을 몰랐겠구나. 그러다가 세 아이를 키우면서 막냇동생쯤에야 깨달음이 생기신 것인가 보다'라고. 그랬을지 아닐지는 모르겠지만 나의 추측은 그렇다. 그래서였을까 아버지는 손주들에게는 나름 괜찮은 할아버지가 되셨다. 전화도 자주 하고, 보고 싶다는 말도 하시고 말이지. 여전히 할머니에게는 까탈스러운 분이셨지만 손주에게는 한없이 인자하셨다.

모든 동물이 아마도 자식에게 최선은 다하지만 어떻게 살아야 하는지를 세세하게 가르치지는 않을 것이다. 교육이랄 것도 없이 자식은 그저 보고 따라 하는 정도가 아닐까. 이제 나는 성인의 문턱을 넘은 지 오래고, 가장이 된 지도 어언 30년이 넘는다. 한 여자의 남편으로 산 지도 30년이 넘고, 그 세월 동안 어느 것 하나 제대로 하지 못하고 그럭저럭 시행착오를 겪으며 지나왔는데 이제 할아버지가 된다. 과거의 모든 일이 그랬듯이 할아버지가 되는 것도 역시 배우지 못했다. 그렇게 곧 할아버지가 된다.

무척 엄하던 어른들이 손주에게 아주 자상하게 대하는 모습을 종종 보는데, 할아버지 대부분이 손주에게 잘하는 것은 뒤늦은 후회가 있기 때문이라는 설이 있다. 그럴 수 있을 것 같다.

아버지로서 자식을 어떻게 대해야 할지 모르고 바쁘게 살다 보니 어느덧 아이는 나와 교감이 없는 어른이 돼 있고, 그런 와중에 결혼해서 곁을 떠나버리면 당황하게 된다. 내가 그랬다. 아버지라는 인간에게는 자식이 곁을 떠난 뒤 깊은 후회와 미안함이 남는다. 미국 영화를 봐도 늘 그 모양이다. 성인이 된 자식이 아버지를 남보다 못한 존재로 여기는 장면이 많다. 사자도 그렇다. 젊은 숫사자는 노냥 사냥놀이와 교미에만 관심 있지 육아에는 전혀 꽝이다. 물론 가끔 다른 맹수의 공격에 암사자와 새끼를 보호하는 극히 드문 장면이 있기는 하지만 별로다. 남자라는 족속이 그런가 보다. 우리 아버지도 그랬지만 겉으로는 자식에게 못한 게 없다고 큰소리치는데 속내는 그렇지 못하다. 그야말로 갈 때가 되면 쫄리는 것이다.

이제 나는 곧 할아버지가 된다. 손주가 태어나면 나는 어찌해야 하나. 소문에 의하면 할아버지에게는 재력이 중요하다는데 그 부분에서는 이미 틀렸고, 아이 손잡고 놀러라도 잘 다닐까? 그러다가 아이가 다치기라도 하면 큰일이고, 뭐 다닐 만한 나이가 되면 학원 다니느라 그럴 시간이 없단다. 생각 같아서는 자식에게 못했던 살가움을 손주에게 해 주고 싶지만, 손주의 부모인 내 자식과 며느리나 사위가 좋아할 리가 없을 것 같다. 그들 나름의 교육관이 있을 테고. 결국, 할아버지 역할도 잘하기 쉽지 않을 것 같다. 시행착오를 겪고 손주가 서넛 정도 생기고 그 아이들이 성인이 될 때쯤 깨닫고 또 후회하겠지.
"아빠, 이제 아이가 수시로 배를 걷어차요."
어제 점심 식사를 함께하면서 딸이 한 말이다. 부모님 돌아가시고, 막내아들마저 결혼했을 때 이제 이 세상에서 나의 역할은 거의 끝났다고 생각했는데, 이런 결정적인 역할이 남은 것을 몰랐다. 할아버지 역할만큼은 정말 잘 마쳐야 할 텐데 걱정이 앞선다. 꼭 하나 하고 싶은 것은, 아니 꼭 한 가지 바람이 있다면 내가 못한 꿈을 이뤄주는 녀석이 하나는 있었으면 하는 것이다. 무엇이냐고? 비밀이다.

홍순기

profile

서울 출생
서울의대, 동대학원 졸업(의학박사)
서울대학병원 산부인과 전공의 수료(산부인과 전문의)
한국 성폭력상담소 이사장 역임
대한피임생식보건학회, 대한폐경학회,
대한산부인과학회 부회장 역임
한국 성폭력상담소 상임이사(현)
청담마리산부인과 원장(현)

주　소 | 서울시 강남구 삼성로 712 청담마리산부인과
이메일 | mariehong59@gmail.com

라마의 침,
그리고 차 한 잔

속눈썹이 유난히 길고 숱이 많은 친구가 있다. 마주 보고 이야기하다 보면 나도 모르게 속눈썹으로 시선이 고정된다. 주고받는 이야기는 허공에 흩어지게 내버려두고, 어디서 본 듯한 눈인데... 곰곰 생각하다가 아, 생각이 났다. 페루 안데스산맥 고대 잉카의 폐허 도시 마추픽추에서 만났던 라마. 속눈썹이 길고 예쁜 눈을 가진 낙타과의 동물인데, 예쁜 눈에 걸맞게 온순할 것으로 생각하고 다가가면 난데없이 다량의 침을 발사하는 고약한 놈이다. 그러고 보니 그 친구는 고약한 건 아니지만 뜬금없이 무거운 화두를 던지곤 하여 순간적으로 당황하게 만드니 이래저래 라마를 닮았다고 할 수 있겠다.

"인간이란 무엇인가? 의수, 의족과 같은 인공사지나 장기의 이식을 넘어 뇌-컴퓨터 인터페이스(Brain-computer interface, BCI)까지 나날이 발전하는 현대 과학기술 발전의 가속도를 보면, 머지않은 미래에 인간의 육신은 많은 부분이 하이테크로 대체될 것이다. 한편, 인간과 동등한 수준의 인공지능(AI)이 발전되어 필요에 따라 인간의 뇌에 접목될 수 있는 날이 와서 인공지능으로 접목된 인간이 탄생한다면 이를 인간으로 볼 수 있을까? 이들은 호모사피엔스로 분류된 기존 인간과는 다른 변종, 하이브리드 개체로 분류해야 하지 않을까? 게다가 인공지능은 인간의 능력을 능가하는 수준으로 진화될 수 있고, 어떤 경위로든 이것이 전면적 또는 부분적으로 인간의 마음, 의식, 행동을 조종, 통제, 지배하게 되는 상황이 되는, SF영화에서나 볼 수 있는 세상이 현실이 될 수도 있을 것이다. 바로 이 지점에서, 인간이란 무엇인가를 고찰하고 인간의 로봇화 현상에 대해 문제의식을 갖고 대처해야 하지 않을까?"

이 정도의 화두라면 가히 속눈썹이 예쁜 라마의 난데없는 침을 연상할 수 있을 것이다. 그러나 나는 이런 류의 담론을 좋아한다.

예전에 인류의 기원에 대한 책을 읽고 정리해 둔 메모를 찾아서 보았다. 연대순으로 주요사항을 요약하면 다음과 같다.

70만 년 전부터 네안데르탈인과 고대 호모사피엔스는 죽은 자를 매장하였다. 매장문화는 도구의 표준화 인식과 함께 고대 인류가 추상적 사고를 시작했다는 중요한 단서이다. 내세에 대한 초기적 관심이나 원시적 형태의 종교가 싹튼 것으로 해석된다.

현생의 인류는 20만 년 전 내지 10만 년 전에 등장한 것으로 보이며, 고대 호모사피엔스나 호모하이델베르겐시스의 후손으로 추측된다. 이들의 두뇌 크기는 다른 동물에 비해 큰 비중을 차지하며 1200cc에서 1700cc 정도로 추정된다.

6만 년 전부터 불을 통제하였으며 제대로 된 화로나 매머드 뼈로 된 방풍 시설, 얼어붙은 대형 포유류 사체를 해동시킬 수 있는 불 덕분에 사냥이 어려운 추운 겨울에도 추위에 견딜 수 있을 뿐 아니라 여타 포식자가 넘볼 수 없는 먹이의 확보가 가능하였다.

표준화된 도구의 제작 기술과 언어는 거의 동시에 발생하였다. 40만 년 전 내지 50만 년 전 이후가 사고의 단계나 모방의 단계와 같은 인간 역사상 가장 중요한 현대적 정신 발달이 진행되어 온 시기이다.

4만 년 전에는 예술이 등장하였다. 기억 보존이나 교육의 역할을 하는 동굴벽화라든지 자아 관념이 있었음을 시사하는 장신구의 발달 같은 것이 그것이라고 볼 수 있다.

두뇌의 자연사 기능, 기술적 기능, 사회적 기능이 하나로 통합되어 우리가 알고 있는 '현대의 두뇌'가 된 시기는 약 10만 년 전 내지 4만 년 전으로 보고 있다. 현대인의 뇌 용적은 약 1300cc에서 1400cc 정도로 인류의 진화 역사에서 크게 변하지 않았다. 다만 현대에 올수록 뇌 영역 간의 복잡한 연결망이 점점 더 긴밀하게 구축되었다.

지구의 나이가 45억 년이라고 한다. 현생 인류의 출현을 약 20만 년 전으로 본다면 지구의 역사를 하루 24시간으로 비유하여 계산하였을 때, 인류는 지구상에 밤 11시 59분 56초에 해당하는 시점에 등장한 것이다.

이러한 인류 진화의 거시적 맥락에서, 이 시점에 과학의 힘으로 인체와 사고가 대체되고 보완된 사람을 같은 종으로 볼 수 있을까? 예를 들어 뇌-컴퓨터 인터페이스의 뇌파의 신호로 컴퓨터에 명령을 전달하게 하는 기술로 뇌졸중이나 척추손상 환자들이 생각만으로 휠체어를 조작하거나 의수를 움직일 수 있도록 해준다. 역으로 인공지능이 뇌에 투입될 수 있다면 인간의 기억력이나 학습능력 등 인지능력이 획기적으로 향상될 수 있을 것이고 뇌질환 치료에 새로운 가능성을 열어줄 수 있다.

인간이 여타 동물과 다른 점은 원초적으로 언어능력, 추상적인 사고나 문제해결 능력과 같은 사고능력, 뛰어난 도구 사용 능력 등을 갖는다는 것이다. 인간은 사회적인 관계를 맺으며 문화와 예술 활동으로 삶을 풍요롭게 하고 도덕성과 윤리의식을 갖는다는 점에서 인간 고유의 정체성을 자각해 왔다.

뇌-컴퓨터 인터페이스나 인공지능이 접목된 경우라도 인간

고유의 정체성을 여전히 갖고 있다면 하이브리드라는 변종을 생각하기보다는 여전히 호모사피엔스로 봐야 할 것이라고 생각한다.

그러나 인공지능이 뇌를 대체하는 과정에서 인공지능이 인간성을 왜곡시키거나 지배하는 등 예기치 못한 여러 가지 부정적인 결과도 있을 수 있다. 무한한 욕망 또한 인간의 특성이기에 불가피하게 예상되는 우려이다. 유전자 복제의 문제처럼 인공지능의 발전에도 윤리적 지침과 국제적인 규제가 필요할 것이다. 실제 유럽연합, 미국, 일본, 중국 등뿐 아니라 국내에서도 인공지능 윤리지침을 연구 중이다. 인공지능은 인간의 번영을 위한 수단이어야 하고 인간 중심적이어야 한다는 것을 모든 국가들의 지침에서 기본으로 하고 있다.

현대의 인류는 국가나 민족, 종교 등에 의해 연대되는 집단 간에 이해관계가 얽혀 끊임없는 분쟁과 전쟁, 그리고 주도권의 재편성이 계속되는 역사 속에 있다. 혹시라도 정해놓은 윤리적 지침이나 국제적 규제라는 것에도 불구하고 인류의 운명이 어떤 급류에 휩쓸리지는 않을지 등등 꼬리에 꼬리를 무는 생각들이 나의 부질없는 망상이면 좋겠다.

생각 여행을 접고 일상을 바라본다. 생후 50일에 우리 집에 입양되어 15세가 된 노견 클레오가 백내장이 와서 하얗게 된 눈으로 올려다보며 힘겹게 꼬리를 친다. 배에 매달린 혹 제거

수술을 하고 유방암으로 진단을 받은 지 벌써 수 년 되었다. 그때 동물병원 의사가 여명을 3년 정도로 보았는데 아직 산책도 하고 근력도 나이에 비해 나쁘지는 않았다. 그랬는데 최근 부쩍 먹는 양이 줄고 입이 짧아져서 애를 먹인다. 한 달이 다르게 노쇠의 그림자가 짙어짐이 역력하다.

외국에 사는 아들 가족이 손녀 여름방학이라고 얼마간 집에 와 있었다. 그들이 갈 때 내가 말했다. 내년 여름방학에 오면 그때는 클레오가 이 세상에 없을 수도 있겠다고…

조용한 집에서 두 내외가 각자의 방에서 사각대며 자기의 일을 한다. 노화가 진행될수록 불편해질 일상과 언젠가 사라질 존재의 가벼움에 대해 겸허히 받아들일 준비를 한다.

하늘과 구름 사이로 붉은 수채화 물감이 눈물 훔친 듯 스쳐간 저녁노을을 본다. 남편의 책상 위에 차 한 잔 놓아준다.

어떤 동화

옛날 옛적에 자신의 존재와 인생을 너무 귀하게 여겨 정성을 다해 가꾸고 준비하며 어른을 맞은 아이가 있었습니다. 어른이 되었지만 아이 때의 초심을 늘 간직하며 살기 때문에 그이를 아이라고 칭하기로 하겠습니다.

아이는 봄에 취해 비틀거리기도 하고 여름 소낙비를 고스란히 서서 맞기도 하였습니다. 파랑새를 쫓아 검은 숲을 헤매기도 했습니다. 때로는 아름다운 정원에서 잠이 든 적도 있었지요.

그러다가 아이는 집을 짓기 시작했습니다. 외로움이 싫었던 아이는 뜻을 같이 하는 몇몇 동료들과 함께 어우러져 집을 지었습니다. 집은 점점 모양을 갖추게 되고 힘이 들었지만 함께 집을 일구어 가며 활기찬 나날을 보냈습니다. 오래오래 가라고 공들여 탄탄하게 지어올리고 구석구석 아름답게 가꾸었습니다.

세월이 흘렀습니다.

아이는 이제 남아있는 인생은 집을 떠나서 살아보고 싶어졌습니다. 더 채우고 싶었고 잃어버릴까 불안해했던 시절은 지나가고 이제 바람이 좀 불어와도 목에 스치는 그 바람을 느껴가며 차 한 잔하고 싶은 마음의 평온이 준비된 것 같아서 말입니다. 그런데 공고(鞏固)하다고 생각했던 집의 벽 한쪽이 금이 가기 시작해서 집의 안전이 위태로워졌습니다. 아이와 동료들은 이 아름다운 집이 허물어지는 것을 두고 볼 수 없었습니다. 금이 가기 시작한 벽을 살펴보았습니다. 독이 있는 칡뿌리 같은 것이 아무도 모르게 벽에 파고들어 있었던 것입니다. 독은 벽을 점점 갉아먹고 있었고 안전전문가의 진단을 받아본 결과 그 벽은 철거하는 것만이 집의 안녕을 지킬 수 있다는 것이었습니다. 그 벽이 없어도 다른 벽을 보강하면 여전히 아름다운 집을 유지할 수 있다는 결론이었습니다.

문제는 그 벽을 철거하는 작업입니다. 주변에 균열을 일으키지 않고 그곳만 도려내는 것은 여간 어려운 일이 아닙니다. 그래도 집을 지키기 위해서는 해야만 하는 일입니다. 게다가 재난의 흔적까지 지워지려면 더 많은 시간이 필요합니다.

아이는 아직 집과 동료들을 떠날 수가 없었습니다. 그리고 아이는 결코 인생이 계획한 대로 흘러가지 않음을 또 한 번 깨닫습니다.

몇 년 전 광주에서 순천으로 내려가던 길에 '한국에서 가장 아름다운 길'이라는 이정표를 보고 가던 길을 유턴하여 그 길로 접어들었던 적이 있다. 물길을 끼고 벚꽃나무 사이 작은 길을 따라 한참을 가니 그 끝에 대원사가 있었고 거기에는 생뚱맞게도 어린 왕자 뮤지엄이 있었다. 정확히는 어린 왕자 선(禪)문학관이라고 한다. 생뚱맞다는 생각은 이내 지적 환희로 바뀌었다.

법정스님은 산문집 〈무소유〉에 '어린 왕자에게 보내는 편지'라는 부제의 글에서 다음과 같이 적었다.

'지금까지 읽은 책도 적지 않지만, 너에게서처럼 커다란 감동을 받은 책은 많지 않았다. 그렇기 때문에 네가 나한테는 하나의 경전(經典)이라고 한다 해도 조금도 과장이 아닐 것 같다. 누가 나더러 지묵(紙墨)으로 된 한두 권의 책을 선택하라면 〈화엄경〉과 함께 선뜻 너를 고르겠다.'

마음을 정화시키는 동화 같은 생텍쥐페리의 소설 〈어린 왕자〉의 시적 통찰과 은유는 화엄경 사상의 맥과 놀랍게도 흐름이 같다는 것을 새삼 익히게 되었다. 실제 화엄경 중 〈입법계품(入法界品)〉은 선재동자가 선지식을 찾아 구도순례를 한 끝에 화엄 세계 즉 우주의 구성 요소 하나하나가 꽃이며 전체가 무수히 많은 꽃으로 이루어진 또 하나의 큰 꽃임을 깨닫고 결국 자신의 초심으로 돌아간다는 내용이라고 한다. 아, 선재동자가 어린 왕자로 환생했을까? 동서고금이 이렇게 만날 수도 있구나! 경이롭다.

비행기 고장으로 사하라사막 한가운데 조난되었다가 살아난 비행사가, 사막에서의 8일 동안 꿈처럼 나타났다가 사라진 어린 왕자와의 추억을 회고하는 것으로 이야기는 시작된다.

동이 틀 때 홀연 나타난 이 작은 아이는 비행사에게 양을 그려달라고 했다. 비행사는 그 유명한 코끼리를 삼킨 보아뱀과 몇 마리의 양을 그려주었지만 그는 모두 마음에 들어 하지 않았다. 비행사는 상자 하나를 그려주고 그 안에 양이 있다고 하자 어린 왕자는 얼굴이 환해지며 자신이 원하는 것이라고 했다. 보이는 것을 보려 하지 말고 마음의 눈으로 본질을 보라고 하는 화엄사상이다.

어린 왕자는 소행성 B612호에서 왔다고 했다. 거기에는 자기에게 향기와 즐거움을 주는 장미 친구가 있는데 장미 친구는 차갑고 가시 돋친 말을 툭툭 내뱉어 어린 왕자의 마음을 아프게 하기도 하고, 신선한 물과 바람막이 등 요구하는 것이 너무 많았다. 장미의 까탈스러움과 허영심에 지친 어린 왕자는 장미를 떠나기로 했다.

왕, 허풍쟁이, 술꾼, 사업가, 가로등을 켜는 점화부, 지리학자 등이 각각 사는 여섯 행성을 돌아 일곱 번째 별 지구로 온 것이다. 윤회(輪廻)의 세계이다.

어린 왕자는 사막에서 노란 뱀을 만난다. 어린 왕자는 노란 뱀에게 사막에서는 혼자인 것 같다고 말했다. 노란 뱀은 말했다.

"사람들 속에서도 혼자인 것은 마찬가지야. 만약 언젠가

네가 살았던 별이 그리워지면 내가 널 도와줄게."

어린 왕자는 계속해서 여행을 했다. 길을 따라가다가 장미꽃이 만발한 정원을 발견하였다. 그들은 모두 자신들이 장미라고 했다. 하지만 그의 꽃은 이 세상에서 장미는 자기 하나뿐이라고 했는데... 어린 왕자는 혼란스러워 풀밭에 엎드려 울고 있었다. 그때 여우가 나타나서 말을 걸었다. 여우에게 서로 길들여지는 것에 대해 들은 다음 자기와 길들여진 장미는 고향 별에 있는 장미 친구 하나뿐이라는 것을 깨닫게 된다.

"그 가련한 거짓말 뒤에는 애정이 숨어있다는 걸 눈치챘어야 했는데... 꽃들은 그처럼 모순된 존재들이거든. 그런 것을 알기에 나는 너무 미숙했어."

이윽고 어린 왕자는 노란 독뱀의 조력으로 거추장스러운 몸을 버리고 자기 별로 돌아가기로 한다. 너무 연약하고 순진한 자기의 꽃을 책임지기 위해서.

때 묻은 계산과 집착은 덧없다. 세상에 나쁜 날씨는 없다. 때로 비 오는 날과 흐린 날이 있을 뿐이다. 나는 세월과 사연으로 길들여진 관계 속에 남기로 했다.

양훈식

profile

제주한라병원 이비인후과장(현)
중앙대학교 명예교수(현)
대한임상보험의학회 명예회장(현)

건강보험심사평가원 진료심사평가위원회 위원장
근거창출임상연구 국가사업단(NSCR) 단장
대한의사협회(KMA) 보험부회장
대한임상보험의학회 이사장
대한이비인후과학회 부이사장
중앙대학교 의과대학 이비인후과 주임교수
중앙대학교병원 이비인후과 과장

주　소 | 제주도 제주시 도령로 65(연동) 제주한라병원 이비인후과
이메일 | yhsljr@cau.ac.kr

꿈 속에서의 꿈 A Dream in Dream

　　　　　　　　제주에서 일본으로 여행을 간다면 하루에 한 번 운행하는 오사카행 티웨이항공이 유일했다. 나는 오사카에서 상징적인 건물, 오사카성이 잘 보이는 뉴오타니 호텔을 숙소로 정했다. 10월 어느 날 저녁, 호텔에서 한강 작가님의 노벨문학상 수상 소식을 들었다. 정말 기뻤다. 세계는 여러 나라의 전쟁, 미국은 대통령 선거, 휴전선에서는 오물 풍선이 넘어오고, 여의도는 시끄럽고 의료대란으로 의료계도 조용하지 않다. 난리를 피해서 피난 나오듯 정신적으로 피곤하여 힐링하겠다고 해외로 나왔는데, 노벨문학상 수상이라는 기쁜 소식을 듣고서 마음이 들떠 취침해야 할 시간을 놓쳐 버렸다. 간사이 공항에 내린 후에도 무거운 트렁크를 끌고 지하철과 버스를 이용하여 호텔에 도착하느라 육체적인 피로가 겹쳐서 쉽게 잠이 들지 못하여 이리저리 뒤척이다 깜박 잠이 들었다.

꿈속에서 나는 오사카성 안의 어두운 방에 갇혀있었다. 처음 성에 들어올 때, 나는 분명히 어머니 손을 잡고 들어오는 초등학교 입학생이었는데 갑자기 어머님은 사라지고 요상스럽고 캄캄한 방에 갇힌 거다. 사람은 한 명도 보이지 않고 천정의 스피커에서 음산한 목소리가 들리는데, 다시 어머니를 만나고, 밝은 빛의 바깥세상으로 나가려면 문제를 다 맞혀야 한다는 거였다. O, X 단답형, 대답은 '한 문장으로 줄여서 답을 해야 한다'라고 했다.

복도는 길어서 다녀야 할 방이 너무 많았다. 대답 시간은 10초 이내, 빨리빨리 풀어야 했다. 나는 쉬워 보이는 문부터 들어가기로 했다. 첫 번째 방은 유치원의 방부터 시작하기로 했다.

① 깎을수록 길어지는 것은? 연필심 ▶ 합격, 통과
② 깎을수록 커지는 것은? 구멍/굴 ▶ 합격, 통과
③ 죽도 밥도 아닌 것은? 누룽지 ▶ 합격, 통과

너무 쉬워서 다른 방으로 가기로 했다. 초등학생 반으로 들어갔다. 단답형이고 이유를 간단히 설명하고 합격하면 월반도 가능하다고 해서 들어갔다.

◎ 어머니의 치마 바람은?

팔랑팔랑 나비의 날개처럼 가볍게 흔들려요./ 살랑살랑 봄바람처럼 훈훈하고요./ 찬 바람이 불어오면 우리를 치마 안에 숨겨주셔요. ▶ 합격, 통과

너무 문제가 쉽고 어머니도 빨리 만나고 싶어서 월반을 하기로 하고 대학 교양학부반으로 갔다. 질문에 따라 어느새 내 몸도 변하고 있었다.

◎ 사람 '인', 인간을 한자로 人으로 표현하는 이유를 설명하시오.

사람은 혼자서는 살 수 없어 서로 돕고 의지하고 살아가라는 뜻으로 서로 기대는 모습으로 쓰다 보니 人으로 표현됩니다. ▶ 합격, 통과

해외유학부로 들어갔다. 88올림픽이 열리던 해에 나는 일본의 Tokai대학의 방문연구원이었다. 담당교수는 별명이 졸링겐(독일의 쌍둥이가 그려진 칼의 이름)이었는데, 조금은 냉정한 말투로 '교과서는 10년 전의 지식을 모은 것이고, 저널은 3~4년 전부터 데이터를 모은 지식이고, 내가 하는 연구는 아직 발표도 하지 않은 최신 지식'이니, '나와 대화하려면 공부를 더 하고 일본에 왔어야지!' 하시고는 자기 책상으로 돌아가 버렸다.

그 뒤로 별말이 없으셔서 그 방을 나와버렸다.

정신없이 몇 개의 방을 지나고 나니 1992년의 이집트 여행에서 만난 스핑크스가 보였다. 예상 문제가 나올 것 같았다. '아침에 네 발로 걷다가 낮에는 두 발로 걷고 저녁에는 세 발로 걸어 다니는 것은?'이라는 질문을 예상했는데, 스핑크스는 말이 없이 가만히 서있고, 같이 여행을 갔던 이비인후과 선생님이 갑자기 파피루스로 제본된 두터운 책을 열어서 문제를 읽는 것이었다.

문제는 '현명한 바보는 어떤 동물인가?'하는 질문이었다. 답을 잘 몰라서 당황스러웠지만, 스핑크스를 보자마자 나는 사람으로 답을 준비했었고, 다른 동물은 머리에 떠오르지 않아서 "정답은 사람이라는 동물입니다. 사랑이 넘쳐서 가진 모든 것을 나누어주는 동물입니다"라고 말해버렸다. 나는 합격인지 불합격인 전혀 알 수 없어서 채점을 하기 전에 얼른 방을 빠져나와서, 복도의 마지막 방으로 들어갔다.

솔로몬과 시바여왕이 보였다. 주위에는 나라님(친근하게 지내고 전부터 잘 알던 복지부 차관님), 의협회장님, 의평원장님 그 외에 잘 알지 못하는 여러분이 모여 계셨다.

질문은 '솔로몬의 지혜는 아직도 유효한가?'였다.

mz 세대의 사람들은 수능예상 문제가 아니면 공부를 안 하니 솔로몬 왕이 누군지도 모를 거구요, 설령 안다고 해도 한 아이를 두고 서로 자기 아이라고 주장하는 두 여인에게 둘로 나누어 공평하게 주라는 솔로몬 왕의 명령에 "내 자식이 아닙니다. 저 여인에게 내 아이를 주세요"라는 여인이 진정한 어머니라는 판결은 요즘에는 안 통할 겁니다. 혈액형이나 유전자를 검사하면 된다고 할 것 같습니다.

솔로몬의 지혜도 안 된다는 나의 말에 솔로몬 왕은 자존심이 상해서인지 표정이 어두워졌고, 시바여왕도 새침, 뾰로통한 얼굴이었다. 이때 스피커에서 오사카성의 성주, 토요토미 히데요시의 목소리가 들렸다. 조선의 의대 학생과 전공의들이 돌아올 방도를 말하지 않으면 나는 영원히 오사카성에 갇힌다는 말이 들렸다. 이 순간이었다. 솔로몬 왕은 다윗 왕의 아들인 황태자로 변하더니 작은 나비가 되어 내 귀로 날아와서 "This, too, shall pass!"라고 알아듣지 못하는 언어로 말하고 다시 제자리로 돌아가 모르는 척 자기 자리에 앉았다. 나는 얼른 손을 아래로 하여 핸드폰의 papago web을 열고 입력해 보았다. 한글로는 '이 또한 지나가리라'라고 되어 있어서 큰소리로 읽어 주었다. 그 순간 시바여왕이 슬쩍 조금 머리를 숙이니 작은 구멍으로 밝은 햇살이 들어오고 빛을 따라 나의 아들이 가지고 놀던 태권V로봇이 방으로 날아 들어왔다. 나는 잽싸게 로봇의 어깨 위에 올라타고 햇살을 따라 밖으로 나왔다.

하늘은 너무 맑았고 멀리 보이는 오사카성의 성문 근처의 국기 게양대에는 태극기가 펄럭이고 있었다. 그 아래 한복을 입은 나의 어머니와 태권도복을 입은 초등학교 1 학년인 나의 아들이 보였다. 가까이 가서 보니 나의 어머니가 아니라 나의 배우자인 아내와 나의 아들이 있었다.

'내 어머니는?' 하고 큰소리로 아내에게 물어보는 순간, 나는 잠이 깼다.

깨어보니 아직 한밤중이고 twin bed의 옆 침대에 나의 아내(나의 휴대폰에는 御婦人)이 곤히 주무시고 계신다. 너튜브의 달인이시고 내 핸드폰에 papago를 깔아주신 생명의 은인이시다. papago가 없었으면 나는 오사카성에서 살아 돌아오지 못했을 것이다.

나의 7살 된 아들이 안 보여 잠시 혼란스러웠는데 조금 후에 정신이 들었다. 나의 아들은 일본에 같이 온 게 아니었다. 현재 서울에 있고 나이는 34 세의 평범한 직장인이라는 사실이 생각났다.

창문을 조금 열어 밖을 보니 아직도 캄캄한 밤이었고, 서치라이트 같은 조명등이 여러 곳에서 빛을 보내어 오사카성을 대낮처럼 환하게 비추고 있었다. 오사카성의 성주 도요토미 히데요시는 세상을 떠나기 전 "인생이란 꿈속에서 또 꿈을 꾸는 것 같구나!"라고 했다 한다.

며칠 전 영화관에서 〈파묘〉를 보았는데, 우리나라는 노벨문학상도 받아 상서로운 기운이 온 나라에 퍼지고 있어서, 나라의 기쁨과 혼란스러움이 오사카에서는 나의 마음속에서 뒤죽박죽 섞인 것 같다는 생각이 들었다.

● **에필로그**

내 아들은 지금은 34세의 청년이다. 7년 전에 광림교회에서 김선도 목사님 주례 하에 결혼하여 이미 5살 된 딸아이도 있다.

나는 교회를 다니지 않는다. 나의 아들의 평생소원은 내 손을 잡고 일요일에 교회에 가는 것인데, 지금까지 요리조리 잘도 피해 다녔다. 의사는 죄인이라는 평소의 느낌대로 선뜻 가지 못한다. 대신에 산에 가서 절에 들르면 부처님께 절도 하고 시주도 조금 한다. 성당을 보면 성모마리아 앞에서 두 손을 모아 기도를 한다. 교회는 아주 가끔 간다. 혹시 아들 덕분에 솔로몬 왕이 찾아와 나에게 힌트를 주었는지 모르겠다. 시바여왕도 고맙다.

1959년의 영화 〈솔로몬 왕과 시바여왕〉의 오래된 종교영화에서 율브린너는 머리에 머리카락도 있었고, 지나 롤로브지다의 눈물의 기도에 하느님은 환한 빛으로 용서의 마음을 표하였다. 사랑에 빠져서 국정을 소홀히 했던 솔로몬 왕은 신임하던 측근의 장군이 배신을 하고 이웃나라 왕과 손을 잡고 왕좌를 차지하려 쳐들어와 전쟁이 일어났다. 솔로몬은 연전연패하여,

마지막 전투만 남기고 병사는 이제 겨우 몇십 명만 남았다. 솔로몬 제국이 멸망되기 직전, 시바여왕은 "솔로몬이 이기도록 솔로몬에게 지혜를 주시면 하느님을 모시겠다"라는 언약을 한다. 시바여왕의 간절한 기도를 믿은 하느님은 솔로몬의 꿈에 나타나서, 몇십 명 안 되는 병사의 방패를 거울같이 반짝이게 닦아두고 마지막 결전을 준비하라는 지혜를 주신다. 눈부신 태양의 반사 빛에 적의 병사들은 눈앞이 안보이는 상태에서도 전진을 계속하여 모두 계곡에 빠져서 사망자가 엄청 쌓이고 솔로몬 왕은 승리를 한다. 시바여왕은 솔로몬의 승리를 이루어 주신 하느님께 감사의 기도를 하고, 약속대로 솔로몬과 헤어지고 예루살렘을 떠나 본인의 나라, 현재로는 에디오피아로 추정되는 땅으로 돌아가 나라를 건설하는 것으로 영화는 끝이 난다.

● **후기**

전공의와 학생이 하루라도 빨리 돌아왔으면 하는 바람으로 쓰다 보니 문장이 늘어졌다. 구시대의 지혜가 우리 대한민국에 효력이 있을지 모르지만, 나라님께 솔로몬의 지혜가 충만해지기를 간절히 기도한다.

하늘

　　　　　　　　　　하늘이란 지평선이나 수평선 위의 아득히 넓고 높은 공간이고, 해와 달, 그리고 별들을 품고 있다.
　나는 세상이 깜깜해지는 개기일식이나 금환일식을 직접 본 적은 없어도, 낮에 잠시 하늘이 어두워지는 부분 일식은 본 기억이 있다. 초등학교 시절에 조그만 유리 조각에 촛불로 그을음을 입히고, 윙크하듯 한쪽 눈은 감고, 나머지 한쪽 눈을 실눈처럼 뜨고서 검게 변한 유리조각을 통해 하늘의 해를 쳐다보았다. 신기하게도 당시의 10원짜리 삼립식품의 크림빵을 한 입 크게 베어먹은 양, 한쪽이 달아난 상태로 보였다. 그리고 낮이 어둑어둑했던 것도 기억한다.

모든 사람이 그러하듯,
나도 일생 동안 하늘을 보고 살았다.
하늘 아래 살고 있고 하늘을 보고 산다.
앞으로도 그럴 것이다.
영원하지는 않지만...

하늘에는 天地 萬物의 주재자이신 하나님이 계시고,
神과 天使가 살며, 天國이라서 모두가 가고 싶어 한다.

모두가 하늘의 뜻에 따라 살며, 행여 노여움을 살까 두려워한다. 하나님께 불경한 죄를 지으면, 차마 머리를 들어 올려 볼 수도 없다.

내가 황혼(黃昏)의 나이에 바라보는 하늘은...
낮에 보는 하늘이 가끔 흐려 보일 때에는 잠시 달님이 해를 가린 것이라고 상상하기도 했다. 조금 더 시간이 흘러 해가 질 무렵에는, 온통 세상이 불그스레 물들어, 아름다워 보이고, 황홀한 빛의 현혹에 빠져 잠시 넋이 나가기도 한다. 어두워지는 밤이 두렵지 않고 기다려지는 이유는 세상만사 시름을 잊고, 편히 쉴 수 있어서이다. 황혼의 나이가 되니, 생각은 많아지는데, 깊이는 얕아지고 폭도 좁아진다.

소년 시절에는 마음에 어른을 넣고 살다가, 황혼의 나이가 되면 소년을 넣고 사는 게 현명한 것 같다. 소년 시절에는 부모님, 선생님, 도덕 교과서, 위인전 등등, 어른들의 말씀은 이해가 안 되더라도 무조건 암기해서 머리 안에 집어넣고서는 어른처럼 생각하고, 어른처럼 말하는 애늙은이, 영감(令監)님으로 살아간다.

나이가 들어서는 소년 시절의 '동심(童心)'으로 살아간다. 소년의 눈으로 보면 세상이 맑고, 환하게 보여서 하루하루, 매일 즐겁게 살 수 있다고 생각하니, 마음에 위안이 되고 즐거워진다.

밤에 하늘을 보면, 구름에 달 가듯 하고, 보름달이 얼굴을 내밀면, 환한 달빛은 어머니의 얼굴처럼 보인다, 나에게는 달님, 나의 어머님에게 소원을 빌 수 있는 절호의 찬스이다. 매년 1월 1일, 정월 초하루를 제외하고는, 평소에 해를 보면서 소원을 빌지 않는다.

달이 잠시 사라진 밤에는 반짝이는 별들이 눈앞에 있는 듯, 하늘에 골고루 흩어져 있고, 멀리서는 별들이 흐르는 강물처럼 무리를 지어 다니는 銀河水가 있다. 어렸을 때는 자주 보았지만, 어른이 된 이후로는 보지 못했다.

윤동주 시인님의 〈별 헤는 밤〉의 심정이라면 상당히 심각하고 어려운 현실에 부딪혀 있는 것이고, 윤형주 가수님의 〈두 개의 작은 별〉이 생각난다면 별빛이 아름다워 보이는 세상에 살고 있는 것이다.

새벽의 하늘,
어스름한 새벽에는 달님도 사라지는 듯 희미해 보이고,
별빛도 가물거린다.
그러나, 달그림자 옆에서 아주 밝은 별,
금성이 햇빛을 받아서 더욱 반짝인다.
반짝이는 샛별은 희망의 빛이다.
멀리서 동이 터오고 서서히 밝은 아침이 다가와서
마음을 밝게 해준다.

아침에 보는 하늘,
내가 사는 동네에서는 해가 나의 등 뒤에 높이 서있는
한라산의 왼쪽 옆구리에서 튀어 올라와 낮 시간에는
높은 하늘을 여행하다가,
저녁에는 바로 눈앞의 바다에 풍덩하고 빠진다.
아침 햇살은 눈이 부시어 똑바로 하늘을 쳐다보기 힘들다.
마음속으로 아무도 못 듣게,
'오늘 하루를 또 시작하게 해주시어 감사합니다' 하고
속삭인다.

저녁에 보는 하늘,
다시 해는 바다에 숨어들고
하늘은 노을로 물들어서 황금빛,
때로는 주황빛의 치마를 두른 듯,
불그스름하고 아름답게 보인다.
또다시 황혼의 나이가 되었음을 자각하고,
겸손하게 하루를 무사히 보냈음에
감사드리는 마음으로 하늘을 우러러본다.
눈도 부시지 않아 하늘을 올려다보기에 눈도 편안하다.

내일은 낮에도 환한 빛이 쏟아져 내려올 것 같다.
나는 지금 황홀한 저녁노을, 황혼 속을 걷는다.

양은주

profile

서울 출생
연세의대(의학박사)
세브란스병원 재활의학과 전공의 수료(재활의학과 전문의)
연세대학교 미래융합연구원 연구 교수(현)
대한암재활의학회, 림프부종학회 이사(현)

저 서 | 『림프부종, 암재활매뉴얼』, 『내가 살린 환자, 나를 깨운 환자』,
　　　『리부트: 마이라이프』 등
이메일 | graceloves@gmail.com

건강한 사람

　　　　　　　　　좋은 친구를 소개시켜 준다는 말에 귀가 솔깃했다. 다른 사람도 아닌, 정신분석 전문가로 권위 있으면서도 나의 인생을 잘 아는 상담가 선생님의 소개였다. '건강한 사람'이라 했다.

　몇 해 전 늦봄이었다. 아무 걱정 없이 행복했노라 말할 수 있는 해가 있겠냐마는, 그해는 유난히도 폭풍과 폭풍 사이에 구름이 잔뜩 낀 불안하고 버거운 해였다. 사람들에 이리저리 치이고, 치일 예정이었던 나날들… 건강한 친구 한 명쯤은 내 주위에 두고 싶었나 보다. 여유 없던 어느 오후, 나는 서울 한복판에 동업자와 함께 지었다던 조그마한 빌딩으로 그녀를 찾아갔다. 늦봄의 더위에 땀을 뻘뻘 흘리며 가파르고 경사진 계단을

양은주　125

올라 찾아간 그녀의 주방은 쿠키 굽는 도구들로 가득했다. 미국에서 공부하고 왔다 한다. 재료를 식물성으로 대체하여 맛있고도 건강하게 만든 쿠키에 자기만의 브랜드를 붙이고 판매하고 있는 알찬 사업가였다. 나와 너무 다른 사람이구나, 앞으로 볼 일이 있을까 예의 바르게 살짝 인사만 하고 나가려는 틈에, 직접 구운 쿠키와 참기름을 선물 가방에 담아 건넨 그녀는 머리도 몸도 아주 **빠른** 사람이었다.

한 달이 지나고 두 달도 지난 어느 날이었다. '안녕하세요. 선생님!'으로 시작하는 문자를 받기 전까지 나는 그녀를 잊고 있었다. 단순한 안부 문자겠거나 했다. 아니었다. 그 사이, 그녀는 유방암 환자가 되어 있었다. 치료 차 병원에 왔는데 마침 내가 근무하는 병원이라 인사문자 한번 보낸다는 내용이었다. 건강한 친구 한 번 사귀어 보려 했는데, 그녀는 매일 수도 없이 만나고 있는 여느 유방암 환자가 되어 버렸다. 나의 돌봄이 필요한 존재가 되어버렸다.

환자와는 개인적인 문자를 나누지 않는다. 연락처를 주지 않는다. 가끔 집 주소를 물어보거나 연락처를 물어보는 환자들에게 정중히 거절한다. 어느 한 사람 특별 대우하지 않는 것이 공정한 의사의 태도라 생각하기 때문이다. 특정한 환자만 개인적으로 친해지는 것도 조심하려 한다. 병원에 찾아온 환자의 성향에 따라 더 좋아하거나 관심을 갖지 않기로 했다.

모든 환자들에게 공평하고 적절한 태도를 갖추는 것이 병원을 찾는 환자분들에 대한 예의라 생각하기 때문이다. 모든 환자들에게 동일한 거리를 유지하는 것은 누구 하나 차별하고 싶지 않기 때문이다. 하지만 그녀는 환자가 되기 전 친구로 연락처를 주고받은 사이였다. 유방암 환자가 되었다고 해서 정중히 개인적인 연락을 거절하기에는 애매했다.

그녀는 참 다양한 검사를 하러 병원에 왔다. 심장초음파 검사, 특수 검사, 영상 검사… 수술 전 항암 기간이 이렇게 긴지 몰랐다. 항암을 몇 번째 맞는지에 따라 이리 다양한 증상이 발생하는지도 몰랐다. 항문에 피가 나기도 했고, 어지럼증으로 이층 검사실에서 재활의학과 외래로 걷는 것조차 힘든 날도 있었다. 두드러기로 고생하기도 했고 고열이 나기도 했다. 코로나19 시기였다. 어렵게 마친 항암 치료로 몸도 다 회복되기 전 유방암 수술을 받았다. 배액관 감염으로 고열이 나 응급실에 가기 전, 코로나19 감염으로 격리되어 이도 저도 못하는 날, 변에 피가 섞여 나오는 증상의 이유가 궁금한 날, 그녀는 문자를 보냈다. 제대로 답을 할 수 있는 질문은 거의 없었다. 그래도 좀 알고 있다 자신하는 림프부종에 대한 질문은 그리 많지 않았다. 잘 모르니 주치의 선생님께 물어보아라 답해야 하는 때가 더 많았다. 뾰족한 답이 없어 실망할 법도 한데, 지치지 않고 새로운 증상이 나타날 때마다, 새로운 치료를 결정해야 할 때마다 질문을 던지는 그녀, 뭐 하나 그냥 넘어가지 않는 그녀는 약 봉투 하나, 부작용 하나, 검사 하나 궁금한 게 참 많았다. 지식의 한계를 느끼게 하며, 오히려 전문가라 여기며 안주하려는 나를 공부시키는 그녀가 밉지 않았다. 슬슬 질문을 던지는 빈도 수가 줄어들었다. 정해진 스케줄의 항암과 방사선 치료도 모두 받은 그녀가 병원에 방문하는 횟수도 줄었다.

자기를 닮은 쿠킹 모자 쓴 똘망똘망한 여자아이가 그려진 가방 안에 직접 만든 쿠키를 가득 넣어 새로운 개업 기념품이라 전해주는 그녀는 그 사이 판교 반지하에 새 가게를 차렸다 한다. 개업 선물로 내가 그린 그림 하나 선물하겠다 골라보라 몇 작품 보냈더니, 가게에 어울리는 노란색으로 새로 그려 달라 한다. 공공장소에 내 작품이 걸린 건 그녀의 신장개업 베이커리가 아직까지 유일하다. 베이커리 속 작은 공간을 새로 치료받으면서 함께 했던 유방암 환우들의 모임 장소로도 활용하는 그녀에게 연구로 진행 중인 지역사회 중심 재활모델개발 질적연구 인터뷰를 요청했다. 우문현답을 전해주는 그녀는 소중한 연구 동역자가 되었다. 든든했다.

소화가 잘 안되어 찾아간 동네 병원에서 간 전이가 진행되어 빨리 대학병원을 가보라 하고 있다는 소식을 급작스레 받았다. 복수가 차서 숨쉬기 힘들다 했다. 폐로 전이가 진행되었다는 문자는 몇 달 뒤였다. 유방암 치료제가 보험 적용이 되어 치료비 걱정 줄어들었다며 함께 기뻐한 지 얼마 되지도 않았는데… 함께 여행 한번 가자 약속했다가 중학생 아들 챙기느라 도저히 여행 갈 수 없다고 펑크 낸 지 한 달도 되지 않았는데… 그녀의 새로운 치료에 대한 기대에 마냥 응원하기도 어렵고, 실망하지 않도록 조언하기도 어려워 선뜻 무어라 답을 하지 못했다. 새로운 항암의 부작용인 구내염으로 음식 삼키기조차 힘들다 하며, 옛날에 처방받았던 약 먹어도 되느냐고 보내준 사진을 보고 '약 성분 보니 증상에 도움이 될 것이다. 먹어라. 세포가 다시 자랄 것이다…'라며 그리 큰 도움도 못 되는 응원을 보내는 게 할 수 있는 전부였다.

그 와중에 내 코가 석자였다. 사춘기 절정으로 치닫던 막내아들을 어떻게 대해야 할지, 재수하는 첫째를 뒷바라지하기에 바쁘다며 허덕였다. 자기 치료받기에도 여유가 없을 그녀는 나의 안부를 묻는다. 유난히 초췌해진 나의 모습과 풀 죽은 내 반응의 주원인이 아들이었음을 알게 된 그녀는 내 아들을 변호했다. 누구보다 요란한 청소년기 사춘기를 보낸 장본인으로서.

"사춘기를 옆에서 보는 게 얼마나 힘드실까 싶으나, 당사자는 당사자만 힘들더라구요. 다른 가족의 마음까지 받아들일 힘도 없고 그러고 싶지도 않고요. 그러나 '너에게 있는 울타리는 여기 엄마, 늘 여기 있어' 그렇게 곁에 있어주는 게 할 수 있는 유일한 거 아닌가 싶어요. 수동적인 대처가 책임 없어 보일지 몰라도, 가장 적극적이고 싶을 때 오히려 수동적인 자세가 요구되는 거 같아요. 그게 더 힘들지만요."

그 어떤 조언보다 힘이 되어 주었다.

내가 아침마다 보내는 메시지 카드를 늘 확인하던 그녀였다. 어느 날 저녁, 오랫동안 준비한 글을 보내며 읽고 힘내라 했다. 누구보다 공정하고 의로운 사회를 꿈꾸며 의분으로 나의 싸움을 함께 응원해 주었던 그녀는 틀림없이 미소를 지을 거라 생각했다. 글이 너무 길었나? 한 주가 다 가도록 메시지는 읽지 않은 채로 있었다. 그리고 그녀의 전화번호로 문자가 왔다. 그녀의 가족이 보낸 부고 문자였다. 일 주 뒤 '기각'이라는 소식을 듣고 그녀를 떠올린다. 누구보다 건강한 반응으로 답했을 그녀의 문자가 그립다.

기다리다

　　　　　　　　저녁 아홉 시 사십 분이 넘으면 한티 역에서 죽 이어지는 길에 임시 주차장이 슬금슬금 형성된다. 버스 정류장 가까운 곳을 제외하고, 차가 나오는 곳을 제외하고, 빈틈없이 차들이 줄을 서서 자리를 잡는다. 밤 열 시, 모든 학원이 일제히 끝나는 시간, 각 건물에서 책가방을 맨 학생들이 무더기로 나온다. 자기를 기다리는 차를 착착 알아보고 탄다. 한 대가 떠나면 금세 다른 차가 그 자리를 차지한다. 몇십 분의 시간이 흐르면 어느새 주차장은 길로 변하고, 막혔던 길이 뚫리고 달리는 속도를 회복한다.

　　밤 열 시에는 이 거리로 가는 택시는 잡히지도 않는다 하는 소문을 듣고는 이상하다며 고개를 갸우뚱했던 나였다. 굳이 그렇게까지 해야 하냐고 고상한 척했던 나였다. 몇 달 만에 학원 바로 앞, 아이가 보이는 지점에 몇 시에 어떻게 하면 이중 주차가 아닌 좋은 자리를 맡을 수 있을지 아는 평범한 아줌마가 되었다. 처음엔 한두 번 혹시 몰라 나갔다. 재수하는데 무어라도 성의를 보여야 하지 않을까 싶은 마음에 나가본 것이었다. 학원에서 나와 나의 차를 발견하고도 슬쩍 모르는 척하고 지나가려 했던 아들을 보며, 괜히 기다렸나 했다. 부담이 되지는 않을까 했다. 몇 번 더 나가보지 모. 하루, 이틀, 일 주, 한 달... 기다리는 길에 학원 앞 빵집에서 좋아하는 빵과 음료수를 사달라는 문자를 받기까지 아들 또한 나의 기다림을 당연시하고 있다는 것을 몰랐다. 클래식한 빵을 좋아하는지 고구마가 들어있는 빵을 좋아하는지 몰라 두 가지 모두 샀다. 클래식한 빵만 먹는다. 아들은 뭐가 들어있는 것은 잘 안 먹는구나. 레모네이드를 좋아하는지 따뜻한 레몬 차를 좋아하는지 몰라 둘 다 골랐다. 의외로 따뜻한 차를 마신다. 소화가 잘 안되어 조금씩만 먹는다. 기운 나라고 신나는 음악을 틀어보았다. 이어폰을 찾아 귀에 꼽는구나. 이건 아닌가 보다. 카카오톡 프로필 뮤직으로 선곡한 노래를 찾아 들어본다. 가만히 듣고 있는 것을 보니 이런 멜로디가 좋은가 보다.

조금 늦게 도착하면 몇 번을 유턴하면서 거리를 배회해야 한다. 차라리 조금 일찍 학원 앞으로 도착하여 여유 시간을 즐겨야 한다. 생산적으로 보내기 어려운 시간이다. 책을 읽기도 애매하고, 뭐 하나 연속적으로 일하기도 애매하다. 길거리 지나다니는 천편일률적인 사람들 패션 구경도 한두 번이다. 학원, 병원, 편의점만 보이는 거리 구경도 이미 다 했다. 나를 위한 시간으로 선용하기 어렵다. 기다리는 시간은 기다리는 것으로 족하다. 누군가가 기다리고 있다는 사실로 아들이 편안해지면 그게 다다. 차라리 기다리는 시간에 아들 생각하며 기도하다 맞이하자. 적절한 말 한마디 건네는 준비를 하는 게 남는 장사다. 기다린다는 건 그런 거다. 오롯이 기다리는 대상에 집중하는 거다. 나를 위한 시간을 내려놓는 기다림이 무언인지 이제야 겨우 아주 조금 알 것 같은데 수능이 끝나면서 그 기다림의 시간도 더 이상 필요로 하지 않다 한다. 생각보다 짧았고, 다시 오지 않을 시간들, 좀 더 집중할 것을 아쉬움마저 남는다.

이젠 끝인가요? 아마도요. 아 아닌가 봐요. 좀 더 기다려야 하나 봐요. 양치기 소년 마냥 몇 차례를 반복하다 보니 함께 기다리는 사람들마저 지친 듯하다. 소식을 전하기도 미안하다. 나의 소식으로 그들의 일상의 평온을 흔들까 했던 우려도 기우인 듯하다. 혹시나가 역시나로 반복되면서, 담담해져 간다. 무언가 달려가야만 할 것 같은 행동을 멈추고 가만히 멈추면 뒤로 사라져 버릴지 모른다 여기며 불안했던 두려움이 슬그머니 사라져간다. 무언가를 바랐는지도 어떤 열정이었는지도 가물가물해진다. 억울함과 답답함, 미움과 증오의 감정도 사라진지 오래다. 무엇을 기다렸는지도 잊어버렸다. 나를 위한 것들로 가득 차 빈틈이 없었던 시간들에 큰아들과 막내아들이 그동안 못 받았던 엄마 사랑을 챙겨 받느라 한몫씩 챙겨 자리를 비집고 들어왔다. 무지개 사진도 여러 번 찍을 만큼 하늘 보는 시간도, 가만히 기도하는 시간도 늘어간다. 하나씩 하나씩 내려놓는다. 이맘때 늘 했던 교육들, 강의들, 회의들, 누군가로 대체 가능할 수 있는 일들은 굳이 내가 아니어도 된다. 괜찮다. 오히려 다행이다.

유명한 영화에서 낭송되기 전부터 황동규의 〈즐거운 편지〉라는 시를 즐겨 읽곤 했다. 그 철없던 어린 시절 어떤 사건으로 동감하며 시의 마지막 구절을 애절히 외우다시피 읽었는지 기억도 나지 않는다. 긴 기다림을 겪으며 이제야 조금 알 듯도 한 구절을 말이다.

… 진실로 진실로 내가 그대를 사랑하는 까닭은 내 나의 사랑을 한없이 잇닿은 그 기다림으로 바꾸어 버린 데 있었다. 밤이 들면서 골짜기엔 눈이 퍼붓기 시작했다. 내 사랑도 어디쯤에선 반드시 그칠 것을 믿는다. 다만 그때 내 기다림의 자세를 생각하는 것뿐이다. 그동안에 눈이 그치고 꽃이 피어나고 낙엽이 떨어지고 또 눈이 퍼붓고 할 것을 믿는다 …

한광수

profile

경기도 개성 출생
가톨릭의대, 동대학원 졸업
(의학박사, 외과 전문의)
공군 의무감
서울특별시의사회장
의협 100주년사 편찬위원장
한국국제보건의료재단 총재
사회복지법인 유린보은동산 이사장
인천원광효도요양병원 명예병원장(현)

저 서 | 『의사만 봉이지』, 『아버지 아버지 사랑하는 나의 아버지』,
『아니 부당청구라니!』, 『엄마, 엄마 미꾸리 안 먹어?』,
『Where is My Captain?』
육군진중가요 현상모집 당선작 『우리 분대장』 작사

이메일 | ksh8387@hanmail.net

나에게 두 번째 이름을 지어주신 아버지
-박희봉 이시도로 신부님-

나는 의과대학 졸업을 한 달 앞두고 결혼을 했다. 바로 위의 남수형이 육군군의관으로 임관하고 나서 군 복무 중에 결혼을 했는데, 현역군인 신분이라 시간을 내는데 쩔쩔매는 걸 보고, 나는 군대 가기 전에 결혼해야겠다고 마음 먹었었다(나는 장기복무를 신청해서 평생을 직업군인으로 보낼 결심을 했기 때문이다).

1월 15일에 의사국가시험을 치르고 1월 30일에 결혼했다. 졸업이 2월 25일로 예정되어 있으니 국가시험을 치르고 홀가분했던 내 대학 동창들은 모두 내 결혼식에 참석해 주었다. 동기생 중 제일 먼저 결혼한 나를 축하해 주기 위해, 명동성당에서 결혼식을 마치고 나서 동기생 전원이 한 명도 빠짐없이 마포 서강의 우리 집으로 몰려와서 밤이 새도록 축하 술을 마셨다. 우리 집에서 유치원과 탁아소를 경영했기 때문에 넓은 강당이 피로연장으로 쓰였다. 한가운데 시루떡 시루와 푸짐한 안주가 있고 정종, 소주, 맥주가 넉넉히 준비되어 있었다. 술 취한 친구들이 술 시중을 들던 내 세 살 위 형을 심부름꾼으로 알고 술 시중을 시켰다고, 당시 세브란스의대를 졸업하고 육군 군의관 중위였던 형은 나중에 동생 친구들 술치닥거리한 일을 꽤나 푸념하면서 생색을 많이 냈다.

나는 성당에서는 예식장에서처럼, 원하면 아무나 결혼식을 올릴 수 있는 줄 알았다. 졸업을 앞두고 연말에 학장신부님을 찾아뵙고 주례를 부탁드렸더니 '야, 너는 가톨릭 신자도 아니면서 어떻게 성당에서 결혼식을 올리려고 하냐?' 하시며 고개를 저으셨다. 학생 시절 학교신문편집장과 학생회장을 지냈기 때문에 가깝게 대해주셨던 학장신부님께, '그럼 영세를 받겠습니다'라고 말씀드렸다. 교리강습을 한 시간도 받은 적 없는 내게 '지금 당장 교리문답집을 사서 교리공부를 해서 1주일 후에 강● 을 받으러 오라고 하신다. 손바닥만 한 교리문답집을 보았더니 비슷비슷한 질문들이 빼곡하고 기도문들도 여럿 있었다. 교리공부를 지레 포기하고 어름어름 주기도문만을 겨우 외워 갔더니 신부님이 교리에 대해 질문하셨다. 제대로 대답을 못 하니,

---

● 당시 가톨릭에서 영세 받기 전 신부님과 질의응답하는 것은 '강' 받는다고 하였음.

공부 더 해서 다음 주에 다시 오라고 하신다. 의사국가시험이 한 달 밖에 안 남은 코앞이라 교리문답이 머리에 들어오지도 않고 달달 외우려는 생각도 없었다. 또 학장신부님이 퇴짜를 놓으시면, 성당에서 결혼식 올리는 걸 포기할 생각이었다. 내가 혼자 정했던 결혼식 날이 1월 30일이고 이튿날이 설날이었다. 일가친척집에 세배 차 인사 다니는 걸 퍽이나 싫어했던 나는, 결혼식을 멋있게 명동성당에서 하고 신혼여행을 떠나면 일가 친척들에게 택시 타고 인사 안 다녀도 되겠지 하는 얄팍한 생각으로 섣달그믐날로 결혼식을 정했었다.

일주일 후에 교리문답을 받기 위해 찾아뵌 내게, 신부님은 대뜸 "본명은 뭘로 할래?" 하신다. 또 무슨 질문인 줄 알고 어리둥절해 하는 내게 "베드로나 요한 같은 이름 말이야" 하신다. "아무거나요" 하고 대답하는 날 한참 바라보시더니, 신부님 책상으로 가셔서 두터운 책을 들추신다. "오늘이 1월 11일인데 1월 11일에 순명하신 성인이 '히지노' 성인이신데, '히지노'로 할래?" 하셨다. 이렇게 해서 '히지노'가 내 본명이 되었다.

나는 1965년 1월 11일 영세를 받고, 그해 3월 군의관 중위로 임관해서 20년 동안 장기복무군의관을 거쳐 공군의무감을 끝으로 전역했다. 마음 먹은 대로 결혼식을 명동성당에서 1965년 1월 30일 올렸지만, 그 후에 성당에 나간 게 손을 꼽을 정도의 냉담자가 된 건 놀랄 일이 아니다. 그러나 하느님은 내가 결혼했던 첫해에 때어난 큰 딸을 수녀로 택하셨다.

나의 두 딸 중 큰 딸인 엘리사벳 수녀는 성심여대를 졸업한 다음 '성빈첸시오 아 바오로 사랑의딸회'의 수녀가 되었는데 내년이면 나이가 환갑이 된다. 어쩌다 신부님들과 식사라도 할 때면, "제가 명동성당에서 혼배성사를 올리고 냉담한 탓에 큰 딸을 수녀로 데려가셨으니, 제 냉담과 피장파장입니다"라고 말씀드리면 다들 웃으시며 "말이 되네"라고들 하시곤 한다.

세례성사와 혼배성사를 집전해 주셨던 박희봉(이시도로) 신부님은 가톨릭의대 학장신부님을 지내시고 1981년 조선교구 설정 150주년 위원회 재정위원장, 1983년 한국천주교 200주년 위원회 재정위원장, 1984년 국민훈장 동백장을 수훈하시고, 1988년 절두산 성당에서 마지막 주임신부를 하시고, 64세의 젊은 나이로 선종하셨다.

생전에 박희봉 신부님께서는, 학창시절에 학교신문 〈성의월보〉 편집장을 하고 학생회장을 하는 등 교내 학생활동을 활발하게 했던 내게 참 잘 대해 주셨다. '은륜(銀輪)의 제전(祭典)'이라고 멋진 이름으로 성의월보사가 주최한 싸이클 하이킹에 의과대학생, 간호대학생, 성모병원 의사와 간호사 등 200여 명과 함께 태릉이나 안양 같은 단합된 대학 구성원들의 야외활동을 장려해 주셨고, 당시 스스로도 근교로의 싸이클 하이킹에 적극 동참해 주셨다. 예산 때문에 한 번으로 끝날 뻔했었는데, 그 해 가을 내내 매 주말에 있었던 싸이클 하이킹 비용을 전부 대 주시면서 장려해 주신 게 제일 인상 깊다. 또 잊을 수 없는 일은 의과대학 졸업기념 반지 건이다. 졸업생들에게 학생회에서 기념반지를 만들었는데, 때마침 금값이 폭등해서 도저히 불가능했었는데, 두 돈 반짜리 멋진 졸업반지를 만들 수 있게 도와주신 일은 두고두고 기억이 난다. 우리 학교 배지가 새겨져 있는 견본을 보시고 '나도 하나 가졌으면 좋겠다'라고 하셨는데, 해드리지 않은 게 못내 죄송스럽다.

*박희봉 신부님은 우리 대학 설립자인 양기섭 신부님과 함께 오늘날의 가톨릭의과대학과 가톨릭중앙의료원의 기초를 세우신 공로자이시다.

내게 혼배성사를 집전해 주신 박희봉 학장신부님
- 성신대학(現가톨릭대학교) 당가 시절-
※ 사진 출처 | 절두산성당 소장

세 번째 할렐루야
-사형장의 검시관-

서울지구헌병대장 김 중령이 아침 일찍 전화를 걸었다. 평소처럼 아침 인사를 하는 줄 알았더니, 건조한 목소리로 대뜸 내일 아침 총살형 집행이 있는데, 사형집행에 입회할 군의관 한 명을 차출해 달라고 한다. 아침 회진 후 늘 하던 대로 해군본부기지병원의 과장급 군의관들과 원장실에서 티타임을 가지면서 희망자를 찾아보았다. 내일 아침 일찍 수술이 있다는 둥, 외래가 밀려 시간을 못 낸다는 둥, 이런저런 핑계들을 대면서 서둘러 원장실을 나가버린다. 그렇다고 누구 한 명을 지명할 수도 없어, 궁리 끝에 내가 직접 가기로 결심하고 헌병대장에게 통보해 주었다.

이튿날 출근하자마자 헌병대로 오라기에 내 지프차를 타고 갔더니, 벌써 사형수를 태운 듯한 앰뷸런스 한 대가 있고, 여러 대의 지프차와 헌병들이 탄 차도 보였다. 법무감실에 근무하는 법무장교들도 여럿 있었는데 군의관은 나 한 명뿐이었다. 나중에 들은 얘기로는, 군법회의에서 사형을 구형하고 언도하는데 관여하는 법무장교들에게 흔치 않은 사형 현장 견학을 시키기 위해 경향 각지의 법무장교들을 모두 동원했다고 한다.

앰뷸런스 한 대와 10여 대의 지프차로 구성된 제법 긴 차량 행렬이 해군본부를 출발해서, 사형을 집행하는 김포해병여단으로 향했다. 마침 그날이 민방위 훈련 날이라 가끔씩 검문을 받았지만, 사형집행 차 가는 행렬이라고 하니까 검문소마다 두말없이 통과시켜주었다.

총살형이 집행될 장소인 김포해병여단 사격훈련장에 도착하니 오전 열한 시쯤 되었다. 앰뷸런스에 타고 있던 수형자 한 명을 헌병 네댓 명이 호송을 해서 사격장 중앙에 세워져 있는 기둥으로 데려갔다. 기둥에 결박하려는 헌병들에게 그냥 묶이지 않고 죽겠다고 말하니, 헌병들이 논의 끝에 결박했던 수갑과 포승을 다 풀어주고 기둥 앞에 세웠다. 검은 천으로 눈을 가리고 지름이 30cm 정도 되는 둥근 검은색 천을 심장 부위에 부착했다. 형 집행 직전 또다시 손을 들어 군목을 부르더니 두 눈을 가린 검은 천도 풀고 떳떳하게 죗값을 치르고 싶다고 요구를 한다. 군목은 헌병장교와 논의를 하더니, "너를 위해서 가리는 게 아니라 사형을 집행하는 헌병들이 만일 네가 빤히 바라보고 있으면 너를 향해 총을 쏠 수 없고, 그리되면 형 집행을 못하니 공무집행 하는 헌병들을 위해 눈을 가려 달라"라고 사정하니 다소곳이 수긍을 했다. 이제 사형이 집행되려는 순간, 또다시 손을 든다. 군목에게 자기가 지은 죄를 마지막으로 참회하고 싶으니 기도를 드릴 수 있게 해달라고 한다. 거진 반 시간 동안 사형수가 사형이 집행되기 직전, 혼신의 힘을 다해서 큰소리로 하는 기도를 들으면서 사형장에 있던 모든 사람이 감동했으리라고 믿는다. 자기가 참혹하게 해친 피해자와 그 가족, 또 형장의 이슬로 자기가 떠난 후에 자기 가족들이 자신의 죄과로 말미암아 받을 고통에 대해 참회하는 기도를 들으면서 저렇게까지 진정으로 참회하는 죄인에게 꼭 사형을 집행해야 할까 하는 생각이 든 건 나뿐만이 아닐 것이다. 죄를 짓고 이 세상을 떠나는 자기가 하늘나라로 갈 수 있게 하나님께서 천사들을 보내주셔달라는 마지막 기도를 할 때는 눈물짓지 않은 사람이 없을 것이다. 저토록 철저히 자신의 죄과를 뉘우친 영혼을 구해줄 수 없는 아쉬움과 안타까움에 나도 가슴이 먹먹해졌다.

  사형을 집행하는 헌병은 7명이었는데, 네 명은 앉아쏴 자세로, 세 명은 서서쏴 자세로 사격을 했다. 특이하게도 사형 집행하던 헌병들이 소지했던 M1 소총이 아닌 카빈총으로 무장한 1명이 엎드려쏴 자세로 사격을 하는 듯했다(나중에 들은 얘기인데 헌병들은 모두 한 발씩만 탄환을 장전하게 하고, 그 탄환 중에 공포탄이 섞여 있다고 얘기해 준다고 한다. 사형을 집행할 헌병들이 장교 앞에서 탄환을 한 발씩 장전할 때 자꾸 뭘 고르는 듯한 모습을 보았는데 그게 공포탄을 고르기 위해 하는 행동들이었다고 한다. 되도록 공포탄을 쏘고 싶은 인간 본연의 착한 마음이 엿보이는 대목이다. 그 한발마저도 사형수 어깨너머 허공으로 쏘아버리는 경우가 많아, 가장 안정된 엎드려쏴 자세로 특등사수 1명으로 하여금 탄창 하나를 다 사격하게 하는 것이라고 한다.

사형집행관이 거총, 조준 명령 뒤에 막 사격 명령을 내리려는 찰나, 또 사형수가 손을 들었다. 다시 군목을 부르더니 찬송가 ○○장을 들으면서 죽게 해달라고 청했다. 미리 녹음된 찬송가를 트는데 또 손을 든다. 큰소리로 군목에게 찬송가 후렴에 할렐루야가 연거푸 나오는데 세 번째 할렐루야가 시작될 때 집행해 주기를 당부했다.

그 넓은 사격장에는 법무장교 십여 명과 헌병장교 몇 명 그리고 군의관인 나를 포함해 스무 명쯤 있었는데 숨소리 하나 들리지 않았다. 평소 안면이 있는 검찰관 이 중령은 검은색 선글라스를 꺼내 쓰더니 사격장을 등지고 뒤로 돌아선다. 으레 그러는 것인가 하고 나도 돌아서려고 했다가, 평생 다시 경험하기 어려운 장면을 놓치지 않으려고 그냥 현장을 지켜보았다. 헌병들의 일제 사격이 끝났는데도 한 명이 엎드려쏴 자세로 탄창 한 개를 연발로 발사했다. 속 빈 나뭇등걸 마냥 힘없이 쓰러지는 사형수를 보면서 형언할 수 없는 슬픔과 연민을 느끼고 얼핏 눈물도 났던 것 같다. 아마도 총살형 집행 직전 사형수가 했던 기도 탓이기도 하리라.

콩 볶듯 했던 총성이 잦아들고 순간적인 정적이 흐를 때, 문득 모든 입회자들의 시선이 내게로 향해 있는 걸 느끼고 쓰러진 사형수에게로 다가갔다. 심장이 있는 왼쪽 가슴에 부착되어 있던 원형의 까만색 표지에 네 발이 명중해 있었다. 이쯤 되면 사망확인을 할 필요도 없는데, 그래도 맥박을 재려고 손목을 잡는 순간 내게 잡힌 손을 움찔하고 뿌리치는 듯 반사적으로 움직여서 기겁을 했다. 정신을 차려보니 놀란 나머지 내가 어느 틈에 두서너 칸이나 뒤로 풀쩍 뛰어 물러나 있었다. 다행히 아무도 눈치를 못 챈 듯해서 시치미를 뗐지만, 지금도 총 네 발을 가슴에 맞고 썩은 나뭇등걸처럼 무너져 내리던 그 장면을 생각하면 가슴이 두근거린다.

어느 틈에 헌병장교가 내게 다가와서 "군의관님 확인사살할까요?" 하고 묻는다. 만일 내가 확인사살하라고 하면 자기는 머리에 총구를 바짝 대고 발사해야 하는데 그렇게 하지 않게 해줘서 고맙다고, 서울로 돌아가려고 차를 타는 내게 다가와서 말했다. 머리에 총구를 대고 발사하면 총상이 만든 상처가 여간 볼썽사납다고 하면서 감사하다고 거듭 치하를 한다.

그날 오후 근무를 마치고 퇴근 때 지프차를 타고 영문을 통과하는데, 위병근무를 하는 헌병이 넋을 놓고 먼 산을 보는지

영문을 통과할 때 경례를 하지 않는다. 결례 행위를 절대 참지 못하던 청년 장교였던 내가 즉시 차를 세우고 결례를 벌주려고 했더니 마음씨 좋은 충청도 출신 운전병인 조수병 왈 "저 헌병 오늘 사형집행장에 갔던 헌병입니다" 하는 통에 그냥 영문을 통과하고 말았다.

우리나라에서도 전 세계적 추세에 따라 80년대에 영구적으로 사형제도가 폐지됐다. 미국 같은 나라에서는 교수형과 화학약품 주입으로 하는 사형, 전기충격으로 하는 사형으로 집행 방법이 여러 종류이고, 사형수가 그중 한 가지를 선택할 수 있다고 한다. 우리나라에서는 일반인은 교수형만으로 사형을 집행하고, 군인의 경우만 예우 차원에서 총살형을 집행하는데, 월남전 때는 대부분 전쟁터에서 주둔지 민간인에게 저지른 성범죄 등의 죄과로 처형되는 것이므로 현지에서 주민들이 다 볼 수 있도록 공개총살형이 집행되었다고 한다.

내가 검시관으로 사형을 입회한 게 70년대 후반이었는데, 그날의 사형집행이 우리나라 군에서는 마지막 사형집행이었기를 바란다. 그때 그 군인은 마지막 가는 길에 자기 죄를 진심으로 참회하고 떠났으니까 아무쪼록 좋은 곳에 갔기를 간절히 바라면서, 비명에 간 젊은 영혼의 명복을 빈다.

2024년 3월

최종욱

profile

경남 거창 출생
고려의대, 동대학원 졸업(의학박사, 이비인후과전문의)
고려의대 이비인후-두경부외과장, 주임교수, 안암병원 부원장, 안산병원장 역임
이비인후과의사회장 역임, 관악이비인후과 대표원장(현)
수필가(한국문인협회, 국제펜클럽 정회원)

저 서 | 『지뢰밭으로 걸어가라』(도서출판 소금나무)
　　　　『자신에 미쳐라』(도서출판 지누) 외 다수
주 소 | 서울시 관악구 봉천로 488 서호빌딩 4층 관악이비인후과
이메일 | jochoi0323@naver.com

공감

공감 능력이 부족해요.

아내가 자주 나에게 지적해 주는 말이다. 자신의 이야기에 무관심하고 딴전을 피운다는 것이다.

아이 넷을 출가시킨 후 단둘이서 십여 년을 지냈는데 나는 아내가 어머니처럼 이것저것 잘 챙겨 돌봐주기 때문에 병원일에만 열중하고 집안의 모든 대소사는 아내가 다한다.

요즘은 체력이 허락지 않아 새벽에 출근할 때는 내가 운전을 하고, 퇴근 때는 진이 빠져 큰딸이 운전을 하여 나를 아파트 앞까지 데려다준다. 큰딸 역시 어머니처럼 이런저런 이야기를 하면서 따뜻하게 대해주어 무척 편안함을 느낀다.

오늘도 엄마에게 야단맞지 않게 저녁 식사 잘 하고 엄마 말씀에 조근조근 대답 잘 하고 공감 많이 하면서 행복하게 지내라고 신신당부를 한다.

문제는 저녁식사 때이다. 하루 일이 나에게는 힘들기 때문에 저녁 식사할 때 포만감 때문에 집중력이 떨어져 공감 능력이 부족하다는 꾸중을 또 듣게 된다. 온종일 나만 기다리고 온갖 정성을 들여 저녁식사를 준비하였는데 졸면서 식사를 하니 얼마나 분통이 터졌으면 공감 능력이 부족하다고 불만을 표출하겠는가.

내 나이에 말대꾸를 하면 쫓겨날까 싶어 아무 소리 못하고 저녁식사를 끝낸 후 아내에게 잘 먹었다고 말하고는 바로 잠을 청한다. 아내는 화가 풀린 듯 그래도 내 잠자리를 보살펴 준 후, 부엌살림을 다 챙겨놓고 잠을 잔다.

잠잘 때 우리 집은 무척 요란하다. 나는 뉴스 전문 방송을 밤새 틀어놓고 자고, 안방 아내는 사회 풍자를 하는 유튜브에 관심이 많다. 세상사를 공부하는 데는 유튜브가 유용한 것 같다.

아내는 모르는 것이 없다. 전 세계를 한눈에 보는 느낌이다. 팔레스타인과 레바논, 그리고 우크라이나 민중들의 처참한 비명소리, 거드름 피우는 초강대국들의 껍죽거리는 소리, 시끄러운 여의도 국회의사당의 의원님들 헛소리, 이웃 사람들과 자식들의 철없는 짓거리들에 대하여 아내는 아주 논리적이고 조리 있게 이야기를 하여준다. 새겨들으면 배울 점이 많다. 나도 공감하는 점이 많아 맞장구를 치면서 동감하여 주어야 하는데 쉽게 잘되지 않아 잔소리를 듣는다.

그래도 기분 나쁘지는 않다. 느끼는 점이 더 많기 때문이다.

젊었을 때에는 아이 넷을 키우느라 나에게는 관심이 많지 않았는데 다들 출가한 후 암을 두 번 앓으면서 하루하루를 살아가는 방법과 앞으로의 삶에 대한 생각이 많이 바뀐 느낌이다.

공감 능력.

누구나 갖출 수 있는 가장 쉬운 것인데 나는 내 스스로 부족한 점이 있다는 것을 느낀다. 뉴스 채널을 많이 보고 SNS, 그룹채팅방에서 온갖 세상 돌아가는 소식들을 들으면서 나 나름대로 공감의 기준만 높아져서 진정한 공감대상이 적다. 아쉬운 세상이다.

공감을 할 줄 아는 기준을 바닥으로 더 낮추어 모든 세상사와 자연현상, 그리고 만물에 대하여 공감할 줄 아는 방법을 지금부터라도 터득하여 새로운 삶을 개척하고 싶다.

이별

헤어지자고 하였다.

이별이다.

장문의 문자로 나에게 이별을 통보하였다. 몹시 당황하여 전화를 하였으나 통화정지를 시켜놓아 연락이 되지 않았다. 이메일, 우편 등 여러 가지 연락처를 찾아보았으나 모두 바꾸었다.

올 정월 초 새해 인사말에 새벽부터 일만 하지 말고 이제는 다 내려놓고, 아내와 함께 세계 방방곡곡 크루즈여행이나 다니면서 인생을 즐기라는 것이었다. 나를 일중독증 환자라고 표현하였다.

남들이 보기엔 당연히 그렇게 보였을 텐데 당장 일을 그만두고 크루즈여행이나 다니라고 하길래 기회가 오면 그렇게 하겠다고 하였다. 나는 아직도 할일이 많다고 하니, 뜻밖에 이별을 통보하고는 모든 연락을 끊어버렸다.

원래 부잣집 아들로 태어나 여유있게 자라서 나와 같이 밑바닥을 기면서 자라온 사람들의 심정을 잘 이해하지 못하는 것으로 알고 친형제처럼 가깝게 지냈지만 늘 조심스럽게 대하였다. 크루즈여행이라는 말에 한소리 하였더니, 망치로 머리를 맞은 듯한 충격을 받았다고 하면서 헤어졌다.

나는 평소 쓸데없이 해외여행이나 학회에 참석하는 것을 금기 시 한다. 노동자들이 뼈 빠지게 피땀 흘려 만든 상품을 수출한 돈으로 해외에 가서 펑펑 소비하는 꼴을 못 본다. 삼십여 개국을 다녔지만 모두 학회 논문 발표나, 강연 또는 토론자로 초청을 받아 다녔다. 영어가 부족하기 때문에 비행기 안이나 호텔에서도 영어로 발표하는 연습에 집중하기 때문에 주변 관광은 엄두도 못 내었다.

논문 발표나 강의가 끝나면 곧바로 귀국하여 병원 근무에 열중하였다. 빈농의 집안에서 자랐기 때문에 농사를 짓는 일에 모든 잣대를 맞추어 이웃과 가까이 지내고 나눔을 실천하면서 도에 넘치지 않게 살아왔다. 크루즈여행, 골프여행, 해외트래킹이나 스키 등 객기를 부리는 모습을 못 보는 성격이다. 나라가 갑자기 부자가 되어 보는 눈이 조금 높아졌지만 아직도 자본의 혜택을 과하게 누리는 사람들을 잘 이해하지 못한다.

최종욱 157

망치로 머리를 맞은 것 같이 정신적 충격을 받았다고 하여 지금쯤은 좀 풀어졌겠지 생각하고 팔방으로 수소문하여 연락처를 알아내 전화를 하였으나 받지를 않았다. 철저하게 이별을 지켰다.

나 자신을 마음속 깊이 원망하면서 언젠가는 돌아오겠지 하는 마음으로 재회를 기대하면서 기다리고 있다.

나이가 들면 잘 삐지고, 따지고 한다는데 나이 탓일까 아니면 자라온 환경이 극과 극인 탓일까.

궁금하기도 하지만 불안하다.

이별.

아무리 속 좁은 사람들의 이별이라 하여도 영원한 이별은 없을 것 같다. 성인들은 인간의 감정은 만날 때와 헤어질 때가 가장 순수하고 빛난다고 하였지만, 요즘의 이별은 씁쓸하기만 하여 슬프다.

고독사

아버지는 운명하셨습니다.

고독사하셨어요.

고등학교에 다니는 아들이 침샘에 혈관종이 있어 나를 찾아온 따님의 이야기였다. 수많은 사람들이 운명하시는 것을 병실에서는 보았으나 고독사라는 말은 생소하였다.

이십오 년 전 하인두암으로 수술을 하신 후 사경을 헤매시다가 우여곡절 끝에 완치하시어 용달차 운전을 하시면서 두 남매를 출가시킨 후 부인과 함께 행복하게 잘 지냈는데 부인께서 운명하신 후, 곡기를 끊으시고 아침부터 저녁까지 술로서만 지내셨다고 하였다. 수술 후 추적관찰 기간 동안에는 사후세계에 대한 이야기를 가끔 나에게 하여주었다. 황당한 얘기들이 대부분이었다.

　자신은 죽음은 두렵지는 않으나 사랑하는 아내가 가장 마음에 걸린다고 하였으며, 죽으면 하늘로 가지 않고 땅속으로 깊숙이 들어가 통일이 되면 환생한다고 하였고, 나는 사후에 하늘 별이 되어 외롭게 지낼 거라고 하였다.

　오십 대 초반에 수술한 후 이십여 년 건강하게 지내시다가 부인께서 세상을 뜨신 후부터 그동안 끊었던 술과 담배를 하시면서 정상적인 생활을 할 수 없을 정도였다.

　어느 날 아드님과 함께 내원하셨을때 안색이 무척 안 좋으셔서, 각별히 잘 보살펴달라고 간곡히 부탁드렸다. 그 후 얼마 지나지 않아 아드님이 아버님께서 혼자 지내시는 서울역 뒤 청파동 조그마한 연립주택을 찾아가니 집안이 너무 지저분하고 빈 소주병이 이곳저곳에 즐비하였고 아버님은 계시지 않으셨다고 연락이 왔다.

　경찰에 신고를 하였으나 연락이 없었다.

　삼 개월 뒤 서대문경찰서에서 연락이 와 찾아가니 아버님이신지 확인해 보라고 하여, 너무 부패가 심해 확인할 수 없었으나 직감으로 아버님인 것을 알 수 있었다. 경찰서에서는 헤진 주민등록증을 확인하고 과학수사연구소에서 지문조회 등을 한 후 자신에게 연락하였다고 한다.

　아버님은 남양주 덕소의 운길산에서 산돼지 사냥을 하던 엽사에 의해 여러 개의 소주병 사이에 누워있는 시신으로 발견

되었다고 하였으며, 운명하신 지 삼 개월 쯤 되셨다고 하였다.

지금은 자신이 원하던 땅속 깊은 곳에서 누구보다도 편안하게 영면하여 통일을 기다리고 계실 것 같다. 얼마나 세상살이가 어렵고 힘들었으면 스스로 고독사를 택했을까 싶어 나의 마음도 찡하였다.

고독사.

요즘은 세상이 각박하여 주변을 살펴보지 않고 오로지 앞만 보고 뛰면서 자기 자신만 챙긴다.

인정이란 찾아보기 힘들다.

특히 우리나라가 심한 것 같다.

돈만 보고 뛰는 사람들이 너무나 많다.

한 언론기관에 의하면 하루에 열 명, 일 년에 삼천오백 명의 귀한 생명들이 고독사를 한다고 한다.

대부분이 오십 세 이상의 남자들이며 여자들도 십오 퍼센트 내외를 차지한다고 한다.

남들은 우리나라가 엄청 부자나라이고 선진국이라고 하는데, 그 뒤에는 삶이 어렵고 외롭고 갈 곳 없이 방황하는 사람들이 너무 많아 진정한 인정과 나눔이 절실할 때가 왔다.

최종욱

홍지헌

profile

강원도 동해시 출생
연세의대, 동대학원 졸업(의학박사)
세브란스병원 이비인후과 전공의 수료(이비인후과 전문의)
한국의사시인회 5대 회장 및 문학의학회 이사(현)
연세이비인후과 원장
시인(문학청춘 등단)

저 서 | **시집** 『나는 없네』, 『자작나무는 하염없이 하얗게』
의학 상식 교양 서적 『당신의 귀, 코, 목의 건강을 위하여』, 『이비인후과 의사의 어지럼증 보고서』
주 소 | 서울시 강서구 방화동 614-34
메디스타워 501호 연세이비인후과
이메일 | jihunhong@hanmail.net

때죽나무 마음

나는 다섯 갈래 꽃잎이야
다섯을 보여주는
아이의 작은 손바닥을 닮은
때죽나무 꽃잎들
나무 그늘 아래 하얗게 모여 있다

아주 가끔
네 손가락, 여섯 손가락을 보여주기도 하여
때죽나무 가지는
엄마 마음으로 늘 흔들리지만
바람결에 꽃향기는 오히려 은은하다
슬퍼도 당당히 퍼지는
당신의 향기가 옳다고
주변의 나무들 모두 고개를 끄덕인다
멀리서
산비둘기 소리 구구구 들려온다

지나간 봄날에 때죽나무 아래 앉아서 꽃잎을 줍던 시절이 떠오른다. 개화산 오솔길을 따라 걷다 보면 나무 아래 하얀 꽃잎들이 떨어져 있는 곳이 여기저기에서 보였고, 마치 그늘처럼 나무 밑을 벗어나지 못한 그곳을 하얀 꽃그늘이라고 불러야 할 것 같은 그 자리에 앉아 꽃잎을 주워 작은 종이컵에 담으며 꽃잎을 살펴보던 꿈결 같던 시절이었다.

꽃잎을 종이컵에 담아 차 안에 놓아두면 은은한 향기가 퍼져 며칠은 때죽나무 자연 향을 즐길 수가 있었는데, 생각지도 못했던 일 때문에 지속할 수 없었다. 아무 일이 없었더라도 꽃이 피는 오뉴월 한 철이 지나면 누릴 수 없는 호사였는데 꽃잎에 붙어온 개미 떼가 차안 곳곳을 누비고 다니게 된 것을 알게 되어 부득이 중단할 수밖에 없었다. 꽃향기에 취했는지 아니면 미량의 꿀에 끌렸는지 상당수의 개미들이 작은 꽃잎에 붙어있었던 것을 그때는 몰랐던 것이다.

개미가 때죽나무 꽃잎에 붙어 차 안으로 들어왔다는 사실을 알게 된 것은 차의 전면 유리창 가장자리를 따라 줄지어 행진하는 개미들을 보고도 한참 후의 일이었다. 처음에는 아무 생각 없이 개미들의 행진을 관찰하였다. 운전하면서 한눈을 팔수는 없었으므로 건널목에서 신호 대기하는 짧은 시간 동안 개미들을 살펴보면, 차창의 가장자리를 따라 혹은 전면 유리창을 따라 일렬로 다니다가 특정 지역에서 만나 서로 정보를 교환하고 다시 헤어지는 모양이 재미있게 보였다. 머리를 가까이하고 더듬이를 서로 접촉하며 화학적 신호를 교환하는 것이 마치 들리지 않는 귓속말로 비밀을 나누는 것 같이 보였다.

차 안에 묵과할 수 없는 문제가 생겼다는 것을 먼저 알아챈 것은 가족들이었다. 주말에 가족이 함께 차를 타고 이동하는 도중 차창 이곳저곳으로 개미가 다닌다는 것을 알고 원인을 추적 끝에 용의자를 금방 특정할 수 있었다. 생각지도 못했는데 범인은 바로 운전하고 있는 나였고 개미의 발원지는 바로 때죽나무 꽃잎이 담긴 종이컵이라는 것을 알아차리는데 몇 분도 채 걸리지 않았다.

그다음 장면은 독자들의 상상대로일 것이므로 개미에 대한 것은 이쯤에서 종결짓고 다시 때죽나무 꽃잎을 줍던 때로 돌아가 보면, 다섯 갈래 꽃잎들 사이에서 네 잎 꽃잎과 여섯 잎, 일곱 잎 꽃잎들이 보였다. 예상외로 적지 않은 숫자였다. 풀밭에서 찾는 네잎클로버 발견 빈도와는 비교할 수 없을 정도로 높은 꽃잎의 변이 빈도를 알게 된 것이다.

작은 별 모양의 때죽나무 꽃은 다섯 손가락을 펼치고 있는 아기 손같이 앙증맞게 보인다. '너는 몇 살이야?' 하고 물으면 말없이 뽀얗고 가느다란 짧은 손가락 다섯을 펴 보이는 귀여운 아이의 손바닥이 연상된다. 그런데 펼쳐 보이는 손가락이 넷 혹은 여섯일 때의 당혹스러움을 나는 그때 느꼈던 것이다.

때죽나무 꽃은 향기도 마음에 든다. 강하지도 않고 은은하며 어찌 생각하면 슬픔의 향기 같은, 혹은 삶의 배경 향기라고 하면 어울릴 것 같은 향기다. 이 향기가 왜 슬픈 느낌이 들까? 하는 궁금증에서 시작된 상상은, 합지증이나 다지증의 아기 손 같은 꽃이 피어나면 때죽나무가 엄마의 마음으로 깊은 근심 걱정에 빠지게 되기 때문이 아닐까? 하는 황당하기는 하지만 의학적이고도 문학적인 상상으로 전이되면서 시상이 떠오르다가 마침내 한 편의 시가 되었다.

그래도 다행스러운 것은 다섯 잎 꽃이나 네 잎, 여섯 잎 꽃잎들이 같은 향기로 함께 잘 어울려 피어 있다가 나무 밑으로 떨어져 꽃그늘을 이루고도 오순도순 모여 있다는 점이다. 어쩌면 동시대를 살아가는 세상 사람들 모두 함께 피어있는 꽃이지만 저마다의 사연을 간직하고 있어 마냥 향기롭기보다는 다소 슬픈 향을 지니고 살고 있는 것과 마찬가지가 아닌가 하는 생각도 들었다.

지나간 봄날 꽃그늘에 앉아 꽃잎을 줍던 그 시절을 생각하는 것은, 환갑이 지난 지금 꽃 같던 젊은 시절을 회상하는 의미를 포함하고 있는 듯하여 즐거우면서도 한편으로는 쓸쓸한 마음을 금할 수 없다. 마치 연극배우가 웃어야 할지 울어야 할지 애매한 표정 연기를 하는 것과 같은 감정이라고 할 수 있겠다. 배경으로 바람이 불고, 꽃잎이 떨어지고, 은은한 향기도 나는 듯한 그 시절.

상념에서 깨어나 문득 때죽나무 꽃말이 무엇일까 궁금해져서 인터넷으로 검색을 해보니 '겸손'이었다. 작고 하얀색에, 향기까지 모두 화려한 것과는 아주 거리가 먼, 눈에 드러나지 않는 꽃에 어울리는 꽃말이라고 저절로 고개가 끄덕여졌다. 마치 때죽나무 주변에서 바람결에 퍼지는 꽃향기를 함께 느끼며 공감해 주듯 가지를 흔드는 개화산 숲속의 다른 나무들처럼, 멀리서 호응의 노래를 불러주는 산비둘기처럼 나도 때죽나무의 향기와 꽃말에 공감하며 고개를 끄덕이게 된 것이다.

그러고 보니 때죽나무 꽃향기는 슬픔의 향기가 아니라 겸손의 향기였다. 많은 나무들이 모여 숲을 이루고 있는 개화산에서 높이 자라며 키를 자랑하는 나무도 아니고, 벌 나비를 부르는 짙은 향기를 풍기는 꽃나무도 아니고, 달콤한 열매를 맺는 나무도 아니지만 조용히 자신의 자리를 지키며 삶의 녹녹치

홍지헌 169

않음을 그대로 수용하면서 은은히 향기를 풍기는 모습은 조신하게 살아가는 우리의 이웃같이 보인다. 그 모습을 우리의 삶에 대입해 볼 때, 다양한 세상 사람들 틈에서 저런 모습으로 살아도 충분한 가치가 있지 않을까 하는 생각이 들었다.

다시 심란한 세상으로

마음이 심란해지면
눈을 감고
좋았던 때로 순간 이동을 한다.

숲속 길 산책할 때,
가족들과 맛있게 식사할 때,
환자가 고마움을 표할 때,
좋은 시상이 정리될 때,
고향에서 어머니를 뵐 때,
아들이 집에 올 때,
아내가 웃어줄 때,
마음이 힘을 얻으면
눈을 뜨고
다시 심란한 세상으로 나온다.

몇 년 전 급성 심근경색이 온 후 우울한 기본적인 정서가 한층 심해진 느낌이다. 오랜 습관처럼 출근길에 개화산을 찾아도 삶의 활력이 줄어든 탓에 아침 산책도 시간을 많이 줄여 약사사 경내와 주변을 도는 정도로 줄였고 답답한 심정을 부처님께 털어놓으며 마음을 달래다가 출근하곤 한다. 더구나 요즈음 의정갈등이 출구를 보이지 않을 정도로 꼬여만 가니 더욱 답답한 심정이다. 그나마 둘째 아들이 전공의 과정과 군의관 근무를 모두 마친 것을 다행으로 생각하지만 나보다 오래 의료인의 길을 가야하는 아들 입장을 생각하면 답답하기 그지없다.

불교에서는 생로병사 사람들의 삶의 모든 과정이 고통이라고 설파하며, 이를 극복하는 것은 결국 각자의 마음에 달려있다고 가르친다. 심란한 마음을 잠재우는 것은 부처님께서 대신해 주시는 것이 아니고 스스로 극복할 수 있도록 마음 수련이 필요하다는 것이다. 그래서 부처님께 드리는 기원에 대한 답을 스스로 찾으며 자문자답하다 보니 얼추 시 한 편이 될 것 같았다.

약사사 대웅전에서, 관음보살상 앞에서 혹은 삼층석탑 앞에서 삼배를 올리고 기원을 드린다. '부처님 심란한 마음을 잠재워주세요. 오늘도 환자들로 인해 화가 나지 않도록 저를 지켜주세요.' 그러면 내 안의 부처님은 대답해 주신다. '가장 즐거운 때를 상상하며 심란한 마음을 달래보세요.' 곧장 실천에 옮겨 본다. 눈을 감고 가장 즐거웠던 때를 떠올려본다.

명절을 맞아 고향에 다녀왔다. 어머니는 어지럼증으로 거동이 좀 더 불편해지셨지만 반갑게 맞아주셨고 어머니가 계신 고향에 다녀오면 여러 가지 상념에 젖게 되기도 하지만 재충전되는 것을 느낀다. 도시의 소시민으로 살다가 뿌리 깊은 가문의 구성원이라는 새삼스러운 자각과 함께 아들들 걱정하는 아버지로 살다가 아직도 어머니 걱정을 받으며 사는 귀한 아들이라는 사실을 체감하고 돌아온 느낌이다.

환자들이 치료가 잘되어 고맙다는 말을 해 줄 때에도 상대적으로 기쁜 순간이 찾아온다. 요구르트나 박카스 같은 소소한 선물로 감사를 표할 때도 있다. 이럴 때면 존재감이 상승하고 내가 긍정적인 역할을 하고 있다는 피드백이 되니 한결 힘이 난다고나 할까. 그러나 다수의 환자들이 치료에 만족하지 못하고, 나의 진료 태도에 불만을 표하고, 질문에 엉뚱한 답을 하고, 꼬리에 꼬리를 무는 목적을 알 수 없는 질문으로 심란하게 만든다.

혼자서 하는 일 중에서는 어떤 순간이 즐거운가 생각해 보니 별로 없다. 즐겁다기보다는 편안하다고 느끼는 순간은 산책할 때이다. 산새 소리를 들으며, 나무 향기를 맡으며, 계절을 느끼며, 들꽃들을 보며 걷다 보면 편안한 마음을 가지게 되지만 그런 마음속으로 상념이 찾아들면 또 울적해진다.

철이 들면서부터 시작한 시 쓰기도 생활을 환기시키는 역할을 해준다. 특히 엉켜있던 시상이 잘 정리되어 한 편의 시가 완성되면 나름대로 즐거움을 느낀다. 더구나 주변 사람들이 공감하며 함께 감상해 주면 그 즐거움은 배가된다. 그러나 그런 순간은 잠시이고 한 편의 시가 쓰여지는 과정은 즐거움과는 거리가 멀고 오히려 괴로움과 가깝다.

나에게 가장 즐거움을 주는 것은 단연 가족들이 즐거워하는 모습을 보는 것이다. 가장 흔하게 경험할 수 있는 모습은 좋은 곳에서 함께 식사를 할 때이다. 평소에는 체중관리 때문에 식사조절을 하던 아내와 아이들도 외식 자리에서는 맛있는 음식을 즐긴다. 예전에 어머니께서 하시던 말씀대로 아들들이 맛있게 음식을 먹는 모습을 보면 나는 안 먹어도 배가 부르다. 과장이 아니라 과학적으로도 입증된 사실이다. 날씨에 전적으로 의존하며 천수답에서 어렵게 농사짓던 우리 선조들도 경험적으로 이런 사실을 알고 '마른 논에 물 들어가는 것과 자식 입에 밥 들어가는 것보다 더 보기 좋은 것은 없다.'는 속담을 남겼다.

큰 아들은 직장 가까운 곳에 오피스텔을 얻어 벌써 10년 가까이 집을 떠나있는 상태이고 둘째도 군의관 근무를 하며 지방에서 3년을 보내다 집으로 들어와 있다. 주말에 아들이 집으로 오면 그냥 좋다. 점점 나이 들어가는 아들들을 보면 이제는 독립시켜야 할 텐데 걱정도 되고, 독립시키고 나면 아내와 나는 더 쓸쓸해지겠지 하는 걱정도 든다. 이래도 걱정, 저래도 걱정이지만 그래도 아내가 옆에서 챙겨주고 나의 실수와 허술한 부분을 웃으면서 가려주니 쓸쓸하면서도 행복한 노년을 보내게 될 것이다.

이런 생각을 하며 마음을 가다듬고 다시 일상으로 돌아오면 해결의 기미가 보이지 않는 의정갈등 현황, 불손한 환자들, 아직 독립하지 않은 아들들이 있는 심란한 세상이 기다리고 있다.

홍영준

profile

서울 출생
서울의대, 동대학원 졸업(의학박사)
서울대학교병원 진단검사의학과 전공의 수료(진단검사의학과 전문의)
원자력병원장(전)
원자력병원 진단검사의학과 과장(현)

저 서 | 『공릉역 2번 출구, 그곳에서 별을 보다』
역 서 | 『과잉진단』
이메일 | clinchem@kirams.re.kr

슬기로운 글쓰기 생활

"당신을 감동시키고, 전율하게 만들었으며, 생각하게 했고, 의문스럽게 했으며, 화나게 했고, 짜증나게 했으며, 슬프게 만들었고, 기쁘게 만들었으며, 시시하게 만들었던 그 모든 것들에 대한 대답으로서 글을 써라. 그게 아마도 문학일 테니까."

글 쓰는 이유를 조목조목 비장하게 열거하는 송승언 시인은 짐짓 시니컬한 체한다. 뭐라도 좀 글을 써보고 싶은 사람들에게 9인의 전업 작가가 건네는 조언을 담은 책, 〈먹고, 살고, 글쓰고〉(빛소굴, 2023)에 실린 송 시인의 글 제목이 〈사실 당신이 쓰는 글에는 별 가치가 없다, 내 글이 그렇듯이〉니까.

출판계의 척박한 현실을 털어놓는 그의 글은, 글쓰기에 대한

좌절 대신 오히려 도전의식을 불러일으킨다는 점에서 역설적이다. 행여 기가 죽을까 싶어 책 표지에 저자들을 대신해 편집인이 박아놓은 따뜻한 해설 역시 용기를 준다.

"작가들은 당신에게 글을 써야 할 이유를 직접 알려주지 않는다. 단지 자신들의 이야기를 털어놓음으로써 당신이 당신만의 이유를 찾을 수 있도록 도와줄 뿐이다. 응원할 뿐이다."

나는 학술논문뿐만 아니라, 여러 가지 매체에 우리 진단검사의학과 전문의들이 기고하는 칼럼, 에세이 등을 많이 보고 싶다. 학회와 전문의의 위상이 높아지고 세상을 향한 영향력이 커지길 바라기 때문이다. 아울러, '말'이 그렇듯 '글' 또한 인격을 감출 수 없기에, 잘 알고 지낸 분들의 또 다른 면을 글에서 발견하는 재미가 꽤 쏠쏠하리란 기대도 한다.

어느 날 학회로부터 진단검사의학 의사들의 '슬기로운 글쓰기 생활'에 대한 원고청탁을 불쑥 받고 보니 송승언 시인의 에세이 제목이 먼저 떠올라 부끄러웠다. 하지만 곧 '별 가치가 없더라도' 내 자신의 이야기를 해 보고 싶다는 생각이 들었다. 어쭙잖은 조언보다 솔직한 경험담이 독자들에게 도움이 되고 응원이 되리라 믿는다.

어린 시절 '일기 쓰기'는 학교에서 방학마다 빠짐없이 내 주던 숙제였다. 선생님들은 그냥 하루하루 있었던 일을 적당히 끼적이다 보면 애들 작문 실력이 쑥쑥 늘리라 기대하셨을 게다. 문자를 깨우치게 해줬으면 학생으로서 일기 쓰기 정도의 성의는 당연히 보여야 한다고 생각하셨을 테고. 많은 아이들을 글쓰기로부터 멀어지게 한 첫 번째 인생 경험이, 유감스럽지만 바로 이 일기 쓰기 숙제가 아니었을까 싶다.

 숙제의 속성은 '하기 싫다'는 것이고, 그에 걸맞게 일기 쓰기 숙제는 끝까지 미루다 개학 직전에 몰아 쓰는 '월기(月記)'가 되기 일쑤였다. 인터넷이 없던 시절이라 한 달 치 날씨를 정확히 복기하는 게 고민거리였으나 난 조심스럽게 잔꾀를 부렸다. 어차피 선생님이 정답을 구해서 맞춰볼 것 같지 않다는 판단이 섰기 때문이다.

 대부분 '맑음, 흐림, 비, 눈' 중에서 하나 골라 쓰던 천편일률적 날씨 표기에 과감히 변화를 주었다. 맑다가 흐림, 비가 오는 둥 마는 둥, 바람이 시원함, 기분 좋은 햇볕 등등, 최대한 복잡하고 모호하게 표현함으로써 향후 닥칠지 모를 진실의 시간에 대비했다고나 할까. 요새도 아이들이 일기 첫 줄에 날씨를 같이 적는지 모르겠지만 자유롭게 날씨를 묘사하는 건 단순하면서도 제법 괜찮은 작문 연습이라고 생각한다. 최초 동기는 다소 불순했을지언정, '빤한 틀에서 벗어나려는 시도'는 지금도 글을 쓸 때마다 늘 염두에 두는 유용한 팁이다.

 초치기로 몰아쓰기를 하다가 소재가 완전히 바닥났던 어느 해 여름, 보름치 일기를 일단 쓰고서 그걸 다시 그대로 똑같이 베껴 나머지 반을 채웠던 적이 있다. 요즘 말로 'Ctr-C, Ctr-V'를 하여 제출한 셈인데 숙제검사에서 대번에 걸리고 말았다.

'일기를 좀 성실하게 쓰세요!'

빨간색으로 힘주어 적어놓은 선생님의 코멘트에서 격노의 기운이 스멀스멀 뻗혔다. 남에게 보이기 위한 일기를 쓴다는 게 웃기는 일이지만, 이후로는 일기장을 채울 때마다 어김없이 빨간 펜 선생님의 매서운 눈매가 떠올랐고, 일기 외에 다른 글을 쓸 때도 그렇게 됐다. 진실을 왜곡하지 않는 선에서 최대한 선생님의 공감을 끌어내고자 하는 노력은 바야흐로 비유와 레토릭의 기술을 하나씩 깨우쳐주었다. 좋게 말하자면 그 무렵부터 독자의 시선을 의식하는 글쓰기가 시작되었다고 볼 수 있다.

가끔 글을 도대체 어떻게 써야 좋을지 모르겠다고 하소연하는 사람들을 본다. 틀림없이 이들은 과거에 연애편지 따위를 써 본 일이 한 번도 없을 것이다. 내밀한 일기마저 남들 눈을 의식하지 않을 수 없는 판에, 대놓고 상대방에게 자기 마음을 전하려는 편지에는 말랑말랑한 설득과 낯간지러운 아부의 문장이 필수 아니겠는가. 그게 쉽사리 안 되니까 훌륭한 사람들이 쓴 책도 이것저것 닥치는 대로 읽으면서 인용하고 싶은 글귀를 찾게 된다.

사랑하는 사람이 생기면 누구나 위대한 시인이 되고 명수필가가 되는 법. 편지를 통해 상대의 마음을 얻고 싶은 열망은 사춘기 시절의 내게도 강력한 글쓰기와 책읽기의 동기를 부여했다. 기혼자는 가정의 평화를 깨지 않는 범위에서 대상을 신중히 조절해야겠지만, 멋진 글을 써보고 싶은 사람이라면 우선 주변의 사랑하는 이들에게 편지 쓰는 일부터 시작하면 좋겠다.

세상이 변해서 종이 편지지와 손 글씨가 있던 자리를 이메일과 휴대폰 메신저가 차지한지 오래다. 그러나 비록 온기가 떨어지는 디지털 플랫폼이더라도 가까운 사이라면 '생일 축하합니다'나 '삼가 고인의 명복을 빕니다' 같은 기계적인 단문 인사 대신 그동안의 관계를 돌아보며 진지하게 몇 문장 더 적어보면 어떤가. 상대에 대한 애정이야말로 무엇보다 글쓰기를 풍성하게 만드는 귀한 원료임을 믿으면서 진심을 담아 한 문장, 추억을 담아 한 문장.

감상에 치우친 글보다 주장이 더 담긴 글을 내가 본격적으로 쓰게 된 것은 시간이 남아돌던 해군 군의관 시절의 일이다. 당시 군의관들은 신분을 망각한 채 당직실로 배달되던 온갖 신문들을 한 면도 빼놓지 않고 다 읽으며 허구한 날 시사 토론을 일삼았다. 그러다 우연히 빠져들게 된 PC 통신 게시판에 나는 서슴없이 정치적이라 해석될 수 있는 글을 올렸고 결국 그로 인해 적지 않은 고초를 겪었다. 이때의 일은 〈필화(筆禍)의 교훈〉이라는 제목으로 〈의사신문〉(2021.4.20)에 기고했는데 그 글의 결론 또한 언제나 내 글쓰기의 지침이 된다.

'일시적 흥분에 휩싸여 무르익지도 않은 생각을 글로 옮기지 말자. 신랄하게 누군가를 비판하고 잘못을 지적함으로써 카타르시스를 느끼기에 앞서 늘 내 자신을 먼저 돌아보자. 갈등과 분열의 글이 아니라 공감과 위로의 글을 쓸 수 있게 하는 원동력이 된다면야 나의 필화는 어쩌면 고난으로 위장한 선물이었을지도 모르겠다.'

진단검사의학과 의사로서의 슬기로운 글쓰기 생활은 사실 뭐 특별한 게 없다. 병원에서, 학회에서, 각종 회의에서 벌어지는 일들을 보고 듣고 받아들이는 우리의 민감도를 최대한 높이면 사소한 것들도 다 글감이 되기 마련이니까.

지난 장마 때 우리 병원 검사실 천장에 물이 새서 곳곳에 양동이를 바쳐 놓았던 재난 상황을 나는 일기와 사진으로 잘 갈무리 해놓았다. 최첨단 장비들과 허술한 건물의 부조화가 마치 고난 속에도 꿋꿋하게 성장하는 진단검사의학과의 이미지를 불러왔고 언젠가 글을 통해 그 상념을 구체화할 예정이다.

지난가을 우리 학회 평의원회에서 벌어진 모바일 투표 프로그램의 오작동은 디지털 시대에 아날로그를 그리워하게 한 사건이었다. 갑자기 모바일 투표가 안 되니까 예전처럼 기표소를 설치하고 종이 투표로 전환하는 데까지 얼마나 애를 먹었던가. 이 또한 내 휴대폰에 상세한 기록으로 남았고 적절한 시기에 진단검사의학과 의사가 빠지기 쉬운 함정을 경계하자는 메시지로 활용될 듯하다.

지구 자전이 자주 착시를 일으키지만 세상에 그저 반복되는 시간, 그냥 되풀이되는 일은 없다. 모든 게 유일하게 딱 한 번 일어나고 찰나에 지나가니, 각각의 사건이 얼마나 특별하고 소중한가. 그런 취지에서 나는 '삶이 글이 되고, 좋은 삶이 좋은 글이 된다'라는 메시지를 담아 의사신문에 〈글쓰기 선생님을 찾아서〉(2024.7.26)란 글을 기고했다. 슬기로운 글쓰기 생활은 그렇게 내 삶에서 벌어지는 평범한 일들을 비상하게 받아들이는 태도에서 시작한다.

● 대한진단검사의학회 e-Newsletter 2024년 9월호

오랫동안 전해 오던 사소함

　　　　　　　　　　대학에 갓 입학했을 때 학교신문, 그러니까 '학보(學報)'라는 걸 처음 접했다. 요즘에야 이런 매체들이 대부분 온라인에 활성화되어 있고 영상자료까지 연결되지만, 당시엔 그저 매주 발행되는 고리타분한 종이신문에 불과했다. 독재정권 시절답게 암울한 내용이 많아 별로 자세히 읽고 싶지 않았는데 의외의 용도가 있었다. 다른 대학 친구들에게 우편으로 학보를 보내주며 친목을 다지는 일이었다.

　말이 친목도모지 실은 미팅에서 만난 이성 친구가 마음에 들었을 경우 지속적인 관심을 유도하기 위한 방편이었다. 나도 읽기 싫은 우리 학교 소식을 타교 학생이 들여다볼 리 만무했고 진짜 목적은 고이 접은 학보에 수신인 주소를 기입한 띠지를 두를 때 그 안쪽 면에 짤막한 메시지를 적어 넣는 것이었다. 포장이 내용물보다 훨씬 중요한 경우였다고 할까.

동기 중에 유독 타 대학 여학생으로부터 학보를 많이 받는 친구가 있었다. 보내는 메시지에 세심하게 정성을 들이는 게 비결이라고 하도 으스대기에 한번은 뭐라 썼는지 띠지를 펼쳐 직접 확인한 적이 있다. 영어로 된 두 문장이 눈에 쑥 들어왔다.

'Out of sight, out of mind. There is no rule but has exceptions.'

안 보면 마음도 멀어진다고? 그런데 예외 없는 규칙은 없다고? 교과서에 나오는 친숙한 영어 속담 둘을 나란히 놓으니 뜻이 오묘해진다. 해설인즉 "너와 내가 서로 자주 못 보더라도 널 생각하는 내 마음은 (예외적으로) 변함이 없다"란다. 이거 닭살을 부르는 느끼한 분위기의 이른바 '작업용' 대사 아닌가.

순간적으로 그의 재기발랄함에 감탄했던 것은 분명하지만 이후로 무려 40여 년이 더 흘렀음에도 두 영어 속담의 그 희한한 조합이 아직까지 머릿속에 강렬하게 남아있는 이유는 군의관 시절 알게 된 또 다른 친구 덕분이다. 그는 '안 보면 멀어지는 게 인지상정이라도, 거기엔 확실한 예외가 있다'는 말이 진리임을 깨닫게 해주었다.

박 대위를 처음 만난 건 영천과 대구에서 군의관 기초 훈련을 받고 진해 해군작전사령부 내 해양의학적성훈련원에 배치 받았을 때다. 힘든 군사훈련을 끝내고 안도의 한숨을 돌릴까 했더니 생각도 못 했던 두 달간의 잠수훈련이 기다리고 있었다. UDT나 SSU 같은 해군 특수부대를 진료하는 군의관이면 그들이 받는 훈련에 대한 기본 이해가 있어야 한다는 취지였다.

만만치 않았던 잠수훈련 과정을 무탈하게 완료한 데에는 이비인후과 전문의였던 박 대위 도움이 컸다. 그는 내 한쪽 고막에 문제가 있음을 이경(otoscope)으로 입증해서 다이빙이 너무 힘들 때 슬며시 빠져나갈 의학적 명분을 제공해 주었다. 하지만 무엇보다 매사 솔직담백한 그의 태도가 무척 마음에 들었고, 훈련이 고되어도 마음 맞는 친구와 함께 한다는 사실이 더할 나위 없이 큰 의지가 되었다.

벚꽃이 눈 내리듯 쏟아졌다가 다시 흐드러지게 피기까지 진해에서 보낸 1년은 박 대위와 대부분의 일상을 공유했던 시간이었다. 지금 생각하면 쑥스럽기 그지없지만 군의관 2년 차에 내가 갑자기 국군포항병원으로 발령 나던 날, 둘은 노래방에서 녹색지대의 〈준비 없는 이별〉을 부르며 부둥켜안고 한참 울었다. 1년이 흐른 뒤 진해의 박 대위는 기어이 나를 따라 국군포항병원으로 근무지 이동을 자원했다. 그땐 해군 군의관도 마지막 해에 진급을 시켜주던 시절이라 우린 다시 "박 소령", "홍 소령"을 외치며 포항에서 재회의 기쁨을 누릴 수 있었다.

제대 후 박 소령은 고향인 대구에서 이비인후과를 개원했고 자기가 감명 깊게 봤다는 드라마 제목을 따 병원 이름을 〈순풍이비인후과〉로 지었다. 이제 점잖게 '박 원장'이라 불리게 된 것이다. 아쉽지만 이후 30대 말과 40대의 한창 바쁜 시기를 살아가던 박 원장과 나는 서로 얼굴 볼 기회가 많지 않았다.

전역한 뒤로 지금까지 30여 년 간 우리는 세 번을 만났다. 대략 10년에 한 번씩 본 셈이니 격조했다. 가장 최근의 만남은 올해 현충일 우리 부부가 대구에 내려가서였다. 박 원장 내외의 초청으로 경북 군위에 있는 수목원, '사유원(思惟園)'을 방문해 오랫동안 함께 걸었다. 이 친구와 함께 있으면 세월의 간극을 느끼지 못한다는 게 참 신기했다. 자주 만나진 못했어도 가끔씩 전화하고 문자했기 때문일 것이란 설명만으로는 무언가 부족했다.

사유원의 여러 명소 중 '소요헌(逍遙軒)'이란 곳이 있다. '알바루 시자(Alvaro Siza)'라는 포르투갈의 유명 건축가가 설계한 건물로 독특한 체험을 할 수 있는 장소다. 위에서 보면 브이(V) 자 형태로 생긴 거대한 회색 콘크리트 덩어리가 안쪽에 넓은 복도를 품고 있는 공간. 시시각각 바뀌는 벽면의 빛과 그림자, 그리고 살랑거리는 미풍이 한데 어우러져 속세를 초월한 것 같은 후광을 드러내고 있는 건축물이다. 우리는 잠시 세상살이의 집착과 얽매임을 내려놓고 이 소요헌을 소요(逍遙)했다. 황동규 시인의 〈즐거운 편지〉 첫 부분이 떠오른 것은 바로 그때였다.

'내 그대를 생각함은 항상 그대가 앉아 있는 배경에서 해가 지고 바람이 부는 일처럼 사소한 일일 것이나 언젠가 그대가 한없이 괴로움 속을 헤매일 때에 오랫동안 전해 오던 그 사소함으로 그대를 불러 보리라.'

젊은 시절 진해와 포항에서 박 원장과 나의 시간을 함께 채웠던 일들은 밥 먹고, 테니스 치고, 수영하고, 노래 부르는 것 같이 그저 사소한 목록이었다. 진해 제황산에서 벚꽃을 구경하거나 포항 죽도시장에서 신선한 대게를 맛보는 일 정도가 조금 특별했을 뿐, 우리는 서로가 앉아 있는 자리 뒤쪽으로 해가 지고 바람이 부는 것 같이 단조로운 매일매일을, 따분하거나 피곤해지기 쉬운 하루하루를 기꺼이 함께 했다.

나이가 들면서 맺는 인간관계는 대개 목적이 분명하다. 크건 작건 경제적, 사회적, 정치적 영향력을 주고받고자 하는 경우가 대부분이며, 효용이 증명되지 않는 관계는 유지되기 어렵다. 역설적이지만, 순수할 때 맺은 '사소한' 우정은 사소하기에 오히려 생명력이 긴 것 같다. 무게가 가뿐하여 세월이 흐르면서 인생의 다음 단계로 전달되기도 용이하다. 그러다 혹 벗이 괴롭고 힘든 일을 겪을 때 오랫동안 전해 오던 그 사소함은 탄탄하게 누적된 힘을 발휘하리라 믿는다.

박 원장은 평소에 가끔 전화로 성악 레슨을 받는 재미를 들려주더니 사유원을 거닐 때는 곧 있을 딸의 결혼식에 본인이

축가를 부를 예정임을 알려주었다. 얼마 전에는 병원 문을 닫고 두 달간 아내와 함께 유럽 여행을 했다고 한다. 훗날 세상과 작별하는 시간, 프랑스 남부 해안의 경치를 떠올리면 참 행복할 거라 말하는 그의 얼굴에는 소요헌의 영롱한 빛이 반사되고 있었다.

안 보면 마음도 멀어지지만 예외는 존재한다. 오랫동안 전해오던 그 사소함으로 언제든 나를 불러줄 수 있는 친구가 그런 경우다.

이헌영

profile

경남 의령 출생
연세의대, 동대학원 졸업(의학박사)
세브란스병원 정형외과 전공의 수료(정형외과 전문의)
삼육 재활병원 의료부장, 구로구의사회장,
세브란스 동창회부회장 역임
세영정형외과·재활의학과 병원장(현)

저 서 | 『까치밥』, 『내고향 시골마을』,
　　　『건강도 생활습관 질병도 생활습관』
　　시집 『강물은 꿈을 싣고 흘러간다』, 『여백이 있는 그림』
　　　『오 아름다운 지구촌』 외 다수
주 소 | 서울시 금천구 남부순환로 1382
　　　세영정형외과·재활의학과병원
이메일 | lhyoung11@hanmail.net

황토길과 황토조소

　　　　　　　　평생 제일 밑바닥에서 고생만 하고 아무 관심도, 대접도 못 받아온 내 발바닥이 최근 호사를 한다. 최근 도림천 뚝방길에 시에서 〈황갈색 점토 걷기 운동 코스〉를 기왕 있던 운동시설 옆에 신설한 것이다. 처음 마련된 그 신설 코스가 하도 신기하여 나의 스마트폰으로 동영상을 촬영하다가 한 아주머니의 질책을 받았다.
　"웬 사진을 계속 찍고 있어요? 불법 촬영은 법에 걸려요!"
　나는 당황하여 말했다.
　"아! 미안합니다. 나는 이런 좋은 시설을 나라에서 만들어 준 것이 너무 고맙고 신기해서 실례를 했습니다."

나는 그 후 1주일에 약 3~4회 아침 6시에 그곳에 가서 운동기구에서 약 3~40분, 〈황갈색 점토 걷기 운동〉을 약 30분 한다. 찰흙을 밟으면서 발에 지압을 하면서 느끼는 촉감은 그 감미로움이 직접 느껴보지 않고는 설명하기 어려울 것이다. 도자기 만드는 도예공이 백토를 물에 섞어 발로 반죽하는 영상을 본 적이 있다. 아마 그 도예공도 발로 반죽을 하면서 앞으로 만들 도자기를 머리로 그려보면서 발의 미끄러운 촉감을 느끼며 행복한 상상을 할 것이다.

과거의 맨발걷기 운동코스는 발 지압을 할 수 있는 자갈 등으로 만들어진 코스라 발바닥이 아프고 잘못 걸으면 발에 상처가 날 수도 있어 당뇨병 환자들에게는 오히려 위험할 수도 있다. 그러나 새로 마련한 〈황갈색 점토 걷기 운동〉을 하는 코스는 완전히 다르다. 부려먹기만 한 발바닥이 새 주인을 만나 생기를 얻는다. 발바닥의 감촉이 살아나며 그 생기는 발끝에서 머리끝으로 전달된다. 처음 걸을 때 너무 미끄러워 넘어질 뻔했다. 그 후로는 지팡이를 짚고 걸었다.

걸으면서 명상을 한다. 걸으면서 내가 중학생 때 부산 부전동에서 집 주위의 도랑을 청소하며 하얀 점토(고령토)를 발견하고 그 점토로 아버지의 흉상을 만든 것과 대졸 후 쓴 나의 졸시 〈발바닥〉이 떠올라 지금 걷고 있는 점토와 나의 발바닥의 교감이 더욱 새롭게 다가온다. 그리고 약 열 번째 같은 코스를 반복할 때 성경 구약 창세기 2장 7절에 나오는 '여호와 하나님이 흙으로 사람을 지으시고 생기를 그 코에 불어 넣으시니 사람이 생령이 된지라'라는 구절이 떠올랐다. '내가 발로 걸으며 발마사지를 하는 느낌도 이렇게 즐거운데 하나님은 인간과 만물을 흙으로 만들 때 얼마나 즐거웠을까?!' 하는 웃기는 상상을 하며 나도 빙그레 웃는다. 내 별명 〈쩨푸리 영〉이 〈Smile 오방떡〉으로 변하는 순간이다.

발바닥

제일 밑바닥
아무도 쳐다봐 주지 않고
아무도 고맙다는 말 하지 않지만
오늘도 발바닥은 모든 것을 싣고
묵묵히 걸어간다

대지의 기를 받아
나의 머리를 상쾌하게 한다

뇌와 심장은 귀히 여기지만
나는 발을 무시하면서 살아왔다

그러한 발바닥이 못에 찔려
파업을 했을 때 그때야 비로소
발바닥의 고마움을 알았다

무좀에 걸려 물집이 생기고
가려움에 시달렸을 때
발바닥이 얼마나 소중한 지 알았다

공룡의 발자국이
긴 지구촌의 역사를 증명하는
중요한 단서가 되었을 때
나는 나의 발바닥으로 조심스럽게
대지를 밟아본다

오늘도 무거운 몸을 지탱하며
출퇴근길을 걸으며 발바닥과 대화를 한다.
그때 발바닥은 대지의 기와
무한한 정보를 전달해 준다

- 황토 조소(黃土彫塑) -

나는 찰흙 위를 걸으며 발바닥의 야릇한 촉감을 즐기며 발에 다시 생기를 얻는다. 발바닥이 도자기를 만든다는 느낌을 받으며 과거를 회상한다. 지금은 미국서 약사가 된 손녀 지영이가 중학생 때의 기억이다. 그때 점토로 오래간만에 동물 형상 등을 함께 만들어 보았다. 나의 어린 시절과는 너무나 달라진 조소 재료, 그 색상의 다양함이나 부드러운 질감에 놀란다. 나는 어릴 때부터 만들기를 좋아했다. 요즘 아이들은 상상하기 힘들겠지만 그때는 만드는 도구나 재료를 내가 만들어 써야 할 때가 많았다. 소위 자급자족이다. 대나무로 먼저 조각도를 만들어 그것을 도구로 삼아 야외에서 구한 황토나 백색 점토를 조각하는 것이다. 6·25 전후(前後) 복구가 안 되고 우리나라 경제의 대부분이 외국의 원조에 의존하던 때였다. 그래서 조각도나 점토를 구하기 힘들기도 했지만 그보다는 그 당시의 입시지옥은 대단한 것이라 중고등학교 입학시험과목을 제외하고 아이들이 다른 과목 특히 예능에 시간을 빼앗기는 것을 부모들은 좋아하지 않았다. 우리 가정 형편이 비교적 괜찮은 편이었지만 부모님께 조각도를 사달라고 했다가 꾸중을 들은 적도 있고 〈괴도 뤼팽〉등 소설책도 숨어서 보아야 하는 그런 시절이었다.

중2, 부산 부전동에 살 때이다. 집 앞 도랑을 치우다가 거기서 나온 하얀 점토(고령토?)를 발견하고 그것을 파서 아버지의 흉상을 만들어 보았다. 그것이 내가 조소를 해본 첫 경험이다. 경남 고등학교를 다닐 때는 전담 미술 선생님이 계시지 않아 부산대학겨 교수님이 가끔 나오셔서 시간 강사로 미술을 지도해 주셨다. 그러나 미술반 지도는 직접 받아본 기억이 없다. 나는 생물반과 미술반을 오가며 과외 활동을 했는데 생물 반은 주상우 선생님 등 쟁쟁한 선생님이 많이 계셔서 식물채집 등 다양한 활동을 했으나 미술반은 취미가 있는 몇몇 친구들이 가끔 모여 자습을 하는 정도였다. 미대를 다닌 두 딸이 입시 준비를 하는 과정을 지켜본 내가 호랑이 담배 피우던 시절의 사람이 아닌가? 착각이 된다.

고등학교 2학년 때 인근에 있는 경남상고에서 제1회 경남조소대회가 열렸다. 조소를 배워 본적도 없으면서 어디에서 그러한 용기가 나왔는지 나도 그 조소대회에 참석을 하기로 결심했다. 그런데 우리 부전동 집 도랑에서 구한 질 좋은 하얀 점토를 다시는 구할 수 없어 급한 마음에 경남고등학교가 있는 구덕산 기슭에서 황토를 파서 한말들이 양철통에 담았다. 그리고 큰 대나무를 구해 다시 열심히 조각도를 만들었다. 50x40cm의 널판 위에 나무로 십자가를 만들어 못질하고 십자가에는 황토가 흘러내리지 않도록 짚으로 만든 노끈을 칭칭 감았다. 황토 한 말 정도를 물에 정성껏 이겨서 다시 담으니 무척 무거웠다.

출전 준비는 완료된 것이다.

　택시도 없이 그 무거운 황토를 들고 낑낑거리며 대회장에 들어섰다. 물론 대회장이라는 곳이 경남상고의 한 교실이었다. 중앙에 목만 깊이 내어놓은 모델이 의자에 앉아있고 출전 중고등학교 학생들이 빙 둘러앉았다. 나도 황토를 담은 통을 옆에 내려놓고 흉상을 만들, 내가 만든 십자가를 책상 위에 올려놓고 황토를 발라 흉상을 만들기 시작했다. 그런데 나만 황토로 조소를 하고 있고 모두들 회갈색의 조소용 점토를 구입해 와서 열심히 흉상을 만들고 있었다.
　내가 지금 도림천변에서 밟고 있는 찰 황갈색의 점토가 그때 내가 부러워한 다른 학교 학생들의 회갈색의 조소용 점토의 질과 감촉이 비슷한 것 같다. 우리나라가 참으로 부유해진 것이다.
　우리 학교만 미술 선생님이 안 계신지 다른 출전 학생들의 뒤에는 각 학교 미술 선생님들이 돌아다니면서 "야! 터치를 살려! 그리고 특징을 살려!" 하면서 자기 제자들을 격려한다. 그런데 내가 가지고 간 황토는 자꾸만 흘러내려 시간 내에 기본 형태를 만들기도 어렵게 되었다. 하는 수없이 나는 널판에 못질해둔 십자가를 제거하고 널판 위에 얼굴의 반면상만 만들기 시작했다. 정신없이 반면상을 만들며 나도 터치를 살려보려고 노력하고 있었다. 그때 내 뒤를 돌아다니던 미술 선생님들이 수군대는 소리가 들려왔다.

"경남고 미술 선생님은 누구지? 아참! 전임 선생님이 없다고 들었어!"

그리고 내게 물었다.

"학생 누구한테 조소를 배웠어?"

나는 대답할 말이 없어 우물쭈물하고 말았다. 옆의 중고등학생들의 작품은 내가 보아도 상당히 멋있는 터치가 살아 있는 점토로 만든 조소 작품들이었다. 모두 나보다 잘 만든 것 같았다. 내 것만이 반면상에 황토로 만든 것이니 나는 너무나 창피했다. 작품을 내지 말까 하다가 다시 들고 오기도 무거워 이름을 써 붙여놓고 도망치듯 대회장을 빠져나왔다.

그런데 이게 웬일인가! 부산대학교에서 가끔 나오시는 미술 선생님께서 믿어지지 않는 낭보(朗報)를 전하시는 것이다. 나를 교무실로 부르시더니 말씀하셨다.

"이 군! 축하한다. 이번 조소대회에서 자네가 특선을 했어. 며칠 후에 조회시간에 특선 메달을 교장선생님이 목에 걸어 주실 거야. 그리고 경남중학교에서 전시회가 있으니 가 보도록 해."

기쁘기도 하지만 어안이 벙벙해 혼자 속으로 생각했다. '이건 분명 동정 점수일 거야!' 그 당시 미술을 한다는 것은 생활고에 허덕여야 한다는 의미와 동격이다. 그 당시 많은 선생님들은 자기의 미술 성향을 고집하지 못하고 당장 팔리는 작품을 만들어야 생활이 가능한 분들도 많았다. 그래서 내가 무척 가난한 집안의 학생이고 조각칼도 스스로 만들어 쓰고 있다고 생각하니 동정을 할 수밖에 없었을 것이라고 의외의 특선이 된 이유를 달아보았다. 좌우간 기분은 무척 좋았다.

'그래도 내 작품의 어디엔가 약간의 가능성이 보였겠지!' 혼자 자위하며 경남 중학교에 마련된 전시장을 둘러보았다. 그런데 이게 웬일인가? 내가 만든 반면상, 특선 작품이 형태를 알아보기도 힘들 정도로 가뭄에 갈라진 논바닥처럼 되어 있질 않은가! 어떻게 보면 그것은 당연한 결과이다. 점토도 아닌 황토가 마르면 갈라질 것이라는 것을 예측하지 못한 내가 바보이지!

그러나 이 난센스는 고3에 올라가 진학 문제가 대두되자 다시 불거졌다. 미술 선생님이 아버지를 만나자고 하시더니 나를 미대로 보내라고 종용하신 것이다. 그러나 그때 내가 생각하기로도 미술가로 성공하려면 미켈란젤로나 로댕처럼 천재적인 소질을 가져야 한다고 생각했다. 나는 스스로 천재적인 소질은 없다고 생각하고 부모님과 형님의 권유대로 의대로 진학하기로 마음을 잡았다.

의대에 다니면서도 조소에 대한 미련을 버리지 못해 빨랫비누에 내가 존경하는 슈바이처상 등을 조각하여 내가 좋아하는 분들에게 나누어 주곤 했다. 해군에 군의관으로 있을 때는 피나무로 거북선을 만들기도 하고 내가 존경했던 한 해병대 연대장의 멋있는 모습을 피나무로 만들어 주기도 했다. 그분이 고맙다고 전역 후 내게 전한 말이다.

"내가 해병대에 있으면서 많은 상패도 받고 했지만 집안을 정리할 때 모두 없애고 이 소령이 만들어준 나의 전신상만은 고이 간직하고 있소."

얼마 전 그분이 돌아가셨다고 하여 빈소에 들렀더니 사모님이 나를 알아보시고 또 그 말씀을 하신다.

한때는 한 5~6년만 의사 개업을 하고 고갱처럼 나도 훌렁 무인도로 떠나버릴까도 생각해 보았다. 아무 뜻도 모르면서 〈달과 6 펜스〉를 그리워 한 적도 있다. 이젠 개업 반백년도 지났으니 찰 점토나 밟으면서 걷다가 하나님이 부르시면 호흡을 반납하고 흙으로 돌아갈 날을 기다려야겠다.

2024년 9월 15일 중추절 전날

조재범

profile

1969년 8월 1일생
1995년 경희대학교 의과대학 졸업
2002년 가정의학과 전문의 취득
2007년 의사수필동인 박달회 회원
성애병원 가정의학과(현)

오죽헌

　　　　　　　　　　한참 학업이 중요한 중고등학교 사춘기 시절 사실 난 문제아들과 친하게 지내고 있었다. 선생님들 앞에서는 모범생의 모습을 보여드렸지만 선생님들이 안 보는 곳에서는 문제아들과 어울려 놀고 있었다. 일부러 그런 아이들과 친해지려 노력한 건 아니지만 재밌는 아이들과 어울려 놀다 보니 주변에 남아있는 친한 친구들은 문제아들이었다. 지금은 대부분 사회의 구성원으로 평범하게 살고 있지만 어떤 아이는 건달이라 부르는 깡패들 세계에 몸담기도 했다.

　사춘기 시절 문제아 친구들 중 가장 친했던 영우라는 이름의 아이가 있었다. 요새 아이들이 쓰는 표현으로는 일진이라고 얘기할 만한 학교 내 가장 문제아였다. 고2 시절 하루는 담임 선생님이 교무실로 불러 심각한 표정으로 나에게 영우와 친한 지 물어본 적이 있었다. 같은 반도 아닌 영우 이름이 나온 것도 이상한데 친한 지 물어보는 선생님의 의도를 눈치 채고 그냥 알고 지내는 친구 정도이지 절대로 친한 친구는 아니라고 얘기했다. 아마도 문제아들과 어울려 모범생의 성적이 떨어질 걸 걱정하는 선생님의 과도한 관심이 만들어 낸 해프닝으로 보였다. 나중에 영우에게 선생님과의 대화를 얘기했을 때 너랑 친하다고 얘기하면 내가 힘들어질 거 같아서 친구라고 얘기할 수 없었다고 얘기하고 제발 정신 차리고 철 좀 들라고 구박도 많이 했다. 당시 영우에게 구박하고 혼낼 사람도 나뿐이었던 것 같아서 심하게 이런 얘기도 했다.

"아무리 생각해 봐도 넌 나이 들어 어른이 되어도 사람 구실하긴 힘들 것 같다."

그 친구가 지금은 작은 중소기업의 대표이사로 20여 명이 넘는 직원들의 생계를 책임지고 있다. 정형외과 보조기 관련한 원남메디칼이라는 회사인데 정형외과 분야에서는 유명한 회사라고 나에게 자랑하지만 난 잘 모르는 회사이다.

이 친구 부부와 함께 강릉에 작은 아파트를 얻어 주말에는 주로 강릉 주변을 여행한다. 어느 날 오죽헌 주변을 산책하며 친구에게 오죽헌이 신사임당의 친정집이라 설명한 후 신사임당이 누구의 엄마인지 물어봤다. 놀랍게도 돌대가리 친구는 모르고 있었다. 율곡 이이도 모르냐고 구박하니 그거 모르는 사람 많다고 큰소리치고 증거를 보여준다며 다른 바보 친구에게 전화를 했다. 스피커 폰으로 전화받은 다른 바보 친구는 한석봉도 모르냐고 영우를 구박한다. 바보 친구들 사이에서 내가 비정상적으로 똑똑한 사람으로 사춘기 시절부터 낙인찍혀 있는 이유를 알 수 있었다. 율곡 이이에 대해 설명해 주려고 하니 영우가 더 장황하게 떠든다.

"오래전에 평창에 갔을 때 너가 그랬잖아. 이이 아빠가 한 번 해보려고 파주에서 출발하고 엄마가 강릉에서 출발해서 평창에서 만나 이이를 만들었다고, 그리고 한 번 하러 갈 때 주막집 주모가 같이 자자고 꼬시는데 안 넘어가고 신사임당이랑 해서 훌륭한 이이를 만들었잖아."

몇 년 전에 평창 판관대에서 설명해 준 내용을 아주 천박하게 그대로 기억하고 있었다.

실제로 신사임당은 전형적인 조선시대 현모양처와는 거리가 있는 여성이었다. 오히려 현재 유행하는 페미니스트에 가까운 여성이었다. 다섯 자매 중 둘째 딸로 태어나 부모 봉양을 이유로 시집살이를 거부하고 자신의 주관대로 아이들을 양육했고 건강이 나빠진 후에는 남편에게 자신이 죽은 후 절대로 재혼하지 말라고 강요했다. 물론 남편인 이원수는 큰아들 또래의 주막집 주모 출신인 여성과 재혼하여 이이가 절에 들어가 승려 생활을 하게 된 계기를 만들어 주기도 한다. 근처에 허난설헌 생가도 있는데 신사임당과 허난설헌은 정반대의 인생을 산 여성으로 많이 비교된다.

오죽헌은 율곡 이이 집안인 덕수 이씨의 소유가 아닌 이이의 사촌인 안동 권씨에게 상속되었다. 이이의 외할머니는 가장 큰 재산인 서울 집을 이이에게 물려주었다. 지금의 관훈동에 있는 서울 집을 둘째 딸의 셋째 아들인 이이에게 주었는데 다섯 명의 딸들에게 태어난 수많은 손자들 중 이이의 학업 성취도가 가장 뛰어났기 때문이다. 조선시대의 8학군인 한양 중심가의 기와집을 이이에게 물려준 외할머니는 14세 이이의 천재적인 모습에서 어떤 미래를 내다보았을 것이다. 당대 이순신, 류성룡, 허균도 이이의 집보다는 조금 외곽인 지금의 을지로와 충무로 사이인 건천동에 과거를 위해 집을 마련하고 공부했으니 이이에 대한 외가 쪽의 교육열을 엿볼 수 있다. 율곡 이이도 외할머니 사망 후 모든 벼슬을 버리고 강릉으로 낙향해 외할머니 시묘살이를 한 것으로 봐서 외할머니의 은혜를 평생 고마워하며 산 것을 짐작할 수 있다.

율곡 이이에게는 가장 친한 두 명의 친구가 있다. 우계 성혼과 구봉 송익필이다. 율곡 이이와 함께 이들을 파주 삼현이라 일컫는다. 우계 성혼은 유명한 성리학자인 성수침의 아들이나 구봉 송익필은 할머니가 노비 출신인 천민 출신이다. 결국 송익필은 정치적 소용돌이 속에 노비의 신분으로 전락해 추노꾼을 피해 도망 다니는 도망자 신세가 된다.

　율곡 이이에게 송익필은 친구 이상인 스승과 같은 인물이었다. 비록 양반 출신은 아니지만 율곡 이이에게 가장 큰 영향을 준 인물을 찾는다면 나는 송익필을 떠올린다. 신분상의 큰 차이가 있음에도 깊은 우정을 나누고 학문적으로 교류했다.

　중국의 오래된 얘기에 이런 말이 있다. '친구가 아니면 스승이 아니고 스승이 아니면 친구가 아니다.' 아마도 스승이라면 반드시 친구처럼 제자를 이해하고 친하게 우정을 나누어야 한다는 뜻이고 친구라면 아무리 못나도 배울만한 스승이 될 수 있다는 얘기일 것이다. 율곡 이이도 천민 신분의 친구인 송익필에게 많은 것을 배웠다는데 나는 이 바보 친구들에게 무엇을 배울 수 있을까 좀 더 고민해 볼 문제다.

채종일

profile

부산 출생
서울의대, 동대학원 졸업(의학박사)
한국건강관리협회 회장(전)
세계기생충학자연맹(WFP) 회장(전)
서울대학교 명예교수(현)
대한민국 의학한림원 종신회원(현)
한국과학기술한림원 종신회원(현)
메디피스 이사장(현)

저 서 | 『우리 몸의 기생충 적인가 친구인가』, 『임상기생충학』 외 다수
이메일 | cjy@snu.ac.kr

한국건강관리협회와의 인연

어제(2024년 11월 7일) 사단법인 한국건강관리협회(건협)가 창립 60주년 기념행사를 가졌다. 사람으로 치면 회갑의 나이를 맞이한 건협. 나는 남다른 감회에 젖으며 건배사를 제의하였다. '건협-메디체크!! 메디체크-건협!!'을 힘차게 외치며 건협의 향후 60년, 100년의 발전을 기원하였다. 이번 기회에 나와 건협의 인연에 대해 회고해 보았다.

건협은 1964년 한국기생충박멸협회(기협)라는 이름으로 출범하였다. 우리나라 국민의 70~80%가 토양매개성 기생충, 즉 회충, 편충, 구충 등에 감염되어 있었고, 기생충 왕국이라는 오명을 쓰고 있었던 상황이 바로 기협의 설립 배경이었다.

기협은 우리 국민의 장내기생충 감염률 0%를 목표로 하였고 정부(당시 보건사회부)와 힘을 합쳐 몇 가지 중요한 기생충 관리전략을 수립하였다. 첫째, 기생충 예방법이 국회에서 통과될 수 있도록 모든 노력을 경주하였다. 이 법의 시행은 우리나라 기생충 관리에 대성공을 가져오게 만든 매우 든든하고도 중요한 주춧돌이 되었다. 둘째로는 전국의 초중고 학생들에 대한 연 2회(봄, 가을) 집단검진과 집단치료를 관리의 기본전략으로 삼았고, 이에 더하여 환경개선과 보건교육을 가미하여 1969년부터 대규모의 국가적인 관리사업을 수행하였다. 그 결과 25~30년 후 우리 국민의 장내 기생충, 특히 회충 감염률은 1995~2001년에 0.02~0.03%로 되어 거의 0%에 도달하였다. 이 성과는 세계적으로 전무후무할 정도의 대단하고 자랑스러운 것이며 최근 여러 개발도상국들이 벤치마킹하고 있는 우리나라의 중요한 역사적 자산이기도 하다.

나는 기협에 의한 기생충 관리사업이 출범한 지 4년이 지난 1973년 서울의대 본과 2학년 여름에 건협과의 인연을 처음 맺게 되었다. 의대-간호대 학생 동아리 함춘의료봉사회(현 송촌의료봉사회)의 기생충 연구부장을 맡으면서 도시 빈민과 농촌 주민들에 대한 기생충검사와 구충제 투여를 책임지게 되었기 때문이었다. 당시 기협의 부회장을 맡고 계시던 기생충학교실의 서병설 교수님께 찾아가 그런 사유를 말씀드리며 구충제

확보를 도와주십사 했는데 교수님은 흔쾌히 기협 직원과 연락이 되도록 주선해 주셨다. 구충제를 듬뿍 가져다주신 당시 기협 직원이 누구였는지 기억은 나지 않지만 무척 고마웠고 그 고마움은 오랜 기간 내 기억 속에 남아있다. 기협에서 구충제 지원을 받은 것은 그 후로도 오랜 기간 계속되었던 것으로 기억한다.

그러던 중 나는 의대를 졸업하여 기생충학을 전공하게 되었고 서병설 교수님은 1977년 1월 기협 회장이 되셨다. 이때부터 나와 기협의 인연은 본격적으로 시작되었다. 서 회장님이 1977년 3월부터 2개월 동안 전국 지부 방문을(당시에는 초도순시라고 하였음) 시작하셨는데 나를 수행비서 격으로 데리고 다니셨기 때문이다. 당시에는 11개 지부가 있었는데 특히 전북지부와 경남지부를 방문했던 기억이 또렷하다. 전북지부에서는 검사실을 방문하였는데 어떤 내원자로부터 간흡충란과 모양이 매우 비슷하지만 크기가 조금 작은 충란이 검출되었는데 확인해 줄 수 있겠느냐는 요청이 있었다. 당시 나는 간흡충뿐만 아니라 장내에 기생하는 여러 장흡충류에 대해 많은 관심이 있었으며 충란의 미세한 형태 차이에 대해 제법 전문성을 갖추어가는 중이었다. 검사실에서 준비해 주신 현미경을 들여다보니 그 충란들은 간흡충 충란이 아니고 반염수어(숭어 등)가 매개하는 표주박이형흡충(*Pygidiopsis summa*)의 충란일 가능성이 매우 높았다. 하지만 충란 만으로 단정하기는 어려울 정도로 간흡충 충란과 매우 비슷하였다.

후에 이 충란들은 표주박이형흡충의 충란임이 성충 배출 및 현미경 관찰을 통해 확인되었다. 경남지부에서는 우리가 낙동강 유역을 두루 돌아보며 간흡충 유행 현장을 직접 경험할 수 있도록 주선해 주셨다.

군의관 복무 3년을 마치고 학교로 돌아왔을 때 서병설 교수님은 건협으로 이름이 바뀐 협회에서 회장직을 계속하고 계셨다. 건협의 창립은 1982년이었고, 기협은 당분간 그대로 유지되고 있었는데 4년 후인 1986년에 두 단체가 하나로 통합하여 건협으로 되었다. 이때부터 나는 건협의 전국 장내기생충 감염률 실태조사단과 기생충 대책위원회 전문위원 등으로 활동하면서 건협과의 인연을 두텁게 쌓아가기 시작하였다. 그러면서 서병설, 최진학, 임한종 3분 회장님을 20년에 걸쳐 보필하였다. 이 기간 중 오래 기억에 남는 일 하나는 1989년 8월 대만의 기생충 방치회(防治會)를 방문했던 일이다. 서병설 회장님과 이관영 사무총장님을 모시고 7~8명의 국장, 과장님과 함께 대만의 타이베이와 카오슝 등지를 방문했는데 대만 측으로부터 최고의 예우를 받았던 기억이 난다. 특히, 대만의 유명한 기생충학자들(Chen ER 등)을 만나 우의를 다질 수 있었던 것은 나로 하여금 추후 국제관계를 활발히 할 수 있도록 해 준 커다란 계기가 되었다. 그리고 대만의 고급술을 매일매일 대접해주어 아침까지 늘 취해있었던 기억도 난다.

내가 건협에서 이사회의 정규 간부가 된 것은 2001년 1월 감사와 중앙대의원을 맡게 되면서부터였다(김상인 회장님 시절). 그렇게 시작하여 2006년까지 3회(6년)의 감사직을 수행하였고, 2007년부터 2009년까지는 이사로 활동하였다(이순형 회장님 시절). 2010년부터 2015년까지는 부회장을 맡았고(조한익 회장님 시절), 2016년 1월 드디어 회장직을 맡아 협회와의 인연이 극대화되었다. 회장으로 두 번의 임기(6년)를 지냈고 2021년 12월에 퇴임하였다. 회장을 하는 동안 경기, 강원, 울산, 광주전남 지부에 신청사를 마련하였고, 부산 서부지부를 새로 건립하였으며, 기생충박물관과 기생충연구소를 만들었고, 독채의 본부 건물을 매입하여 새로운 본부 시대를 여는 등(중앙검사본부도 본부 청사로 이전하였음) 나름대로 활발한 활동을 하였고 2022년부터 지금까지는 고문직을 맡고 있다.

건협에서 임한종 회장님을 도와 활동한 6년은 매우 뿌듯하고 보람 있는 기간이었다. 1995년 3월, 한중기생충관리사업 가능성 타진을 위해 중국 베이징과 상하이를 방문했던 기억이 생생하다. 상하이기생충병연구소의 Feng Zheng 소장을 만나 쟝시성, 광시성, 헤이룽장성의 3개 성을 협력 대상 지역으로 정하고 주민들에 대한 검변과 투약사업을 하는 것으로 시작하여 10년 이상 사업이 계속되었다. 이 일은 지금까지 계속되고 있는 건협의 국제협력사업에 있어서 기본 모델이 되고 있다.

중국 사업이 대략 마무리될 무렵 임 회장님은 베트남, 라오스 등으로 사업을 확장하고자 하셨다. 그런데 베트남은 자신들이 모든 능력(기생충 진단, 치료 등)을 다 갖추고 있으니 오로지 예산만 지원해 주기를 희망하여 우리의 전문성을 개진할 수 있는 여지가 전혀 없어 결국 사업이 성사되지 못했다. 그래서 라오스로 진출하기로 결정하였다. 마침 내가 WHO 초청으로 라오스를 이미 두 차례 방문한 경험이 있어 임 회장님은 나에게 라오스 사업에 앞장서 줄 것을 부탁하셨다. 나는 신이 나서 열심히 라오스 사업에 뛰어들었고 이 라오스 사업이 또 10년 이상 진행되었고 많은 우수한 성과를 얻게 되었다.

김상인 회장님 재임 기간(2001~2004)에는 한중기생충관리사업이 계속되었고 거의 마무리 단계에 도달하였으며, 라오스 사업이 본격화되었다. 한편, 한몽골 아동 건강관리 국제협력사업이 2004년 새로운 사업으로 시작되었고, 2012년까지 9년 동안 계속되었다.

이순형 회장님이 2005년에 취임하신 후에는 국제협력 대상 국가를 캄보디아와 미얀마로 확장하기 위한 준비를 시작하였다. 캄보디아는 보건부와 국립 말라리아센터(CNM)에서 곧바로 긍정적이고 적극적인 반응을 보인 반면, 미얀마는 아직 국제협력의 필요성에 대해 정부가 뚜렷한 방침을 세우지 못하고 우물쭈물하고 있는 상황이었다. 그래서 미얀마는 다음 순서로 내정해두고 캄보디아와의 사업을 시작하였다. 이렇게 시작한 캄보디아 사업도 10년 이상 계속되었고 엄청난 성과를 도출하게 되었다. 또한, 2009년 4월에는 북한 주민의 기생충 관리와 건강증진을 돕고자 '(북한)기생충연구소(가칭)'와 '평양종합검진센터(가칭)' 건립에 관한 합의서에 서명까지 했으나 안타깝게도 정치적 상황의 악화로 더 이상 추진되지는 못하였다. 그리고 국제협력사업은 아프리카로 확대되었다. 2009년 8월, 수단 나일강 유역 주민들의 주혈흡충증 관리사업이 출범하게 되었고, 이 사업도 10년 이상 지속되었다.

조한익 회장님 재임 기간(2010~2015) 중에는 수단 주혈흡충증 관리사업이 결실을 맺었고, 유행지의 주혈흡충 감염률이 유의하게 감소하였다. 맑은 식수를 제공하기 위해 정수시설 5개를 건립하였고 이로 통해 강 유역 주민들의 위생향상과 건강증진에 크게 이바지하였다. 그리고, 인도네시아의 학생 건강증진 사업이 2012년부터 시작되었고, 이 사업은 최근까지 계속되었다. 나아가 몇 차례 문을 두드린 결과 드디어 미얀마 초등학생 기생충 관리와 건강관리 사업(빈혈검사, 당뇨검사 등)을 성공적으로 시작할 수 있게 되었다. 연 2회 집단검진과 집단투약을 시행한 결과 회충 감염률이 1년 후 절반 이하로 낮아졌고, 2년 후에는 1/4 이하가 되었다. 또한, 라오스와의 국제협력사업을 마무리 할 목적으로 메콩강 유역 사바나켓 지역의 타이간흡충 감염조사와 퇴치사업을 전개하기도 하였다.

돌이켜보면 나와 건협의 인연은 22살 때부터 지금까지 계속되고 있으니 50년은 된 셈이다. 그동안 수많은 직원 여러분들과 좋은 인연을 맺고 동고동락할 수 있었던 것은 내 일생에서 가장 소중하고 흐뭇하며 행복한 기억으로 남아있을 것이다.

2024년 11월 8일

마파람

마파람은 나의 죽마고우 친구들 8명 모임의 이름이다. 초등학교 친구에서부터 중학교, 고등학교 친구까지 포함되어 있는데 다소 이질적인 특성을 가진 친구들의 모임이다. 굳이 공통점을 든다면 부산의 영주동, 부산터널(구 영신터널), 부산봉래초등학교와 관련이 있지 않을까 싶다. 다섯 명은 위 세 가지에 모두 해당되지만 나머지 세 명은 이에 해당되지는 않고 부산고등학교와 인연이 닿는다. 즉, 진○범 친구는 부산고등학교 시절 영주동에 있는 우리 집에 6개월 정도 묵으면서 함께 공부했던 인연으로 우리와 어울려 친한 친구가 되었고, 표○수 친구는 함양중학교를 수석 졸업하고 부산고등학교에 입학한 후 나를 비롯한 몇 친구들과 친하게 어울려 마파람에 들어오게 되었다. 조M래 친구는 조Y래 친구와 사촌 간으로 마산중학교를 우수한 성적으로 졸업한 후 부산고등학교에 진학하면서 우리와 친해지게 되었다.

  마파람이 결성된 지 어언 55년이 되었다. 그런데 8명 중 3명이 이미 하늘나라로 갔고, 5명만 남아있다. 엊그제 부산에서 남은 5명의 간단한 모임이 있었다. 해운대에서 송정까지 해변열차를 타면서 옛 추억을 더듬기도 하고 카페에서 남자들끼리 긴 수다를 떨기도 했다.

  마파람이란 이름의 사전적인 뜻은 "집을 등지고 섰을 때 불어오는 남풍"으로 되어 있다. 남풍이 불면 금방 비가 오는 일이 많은데 게가 순식간에 눈을 감아 비를 피한다는 뜻으로 '마파람에 게 눈 감추듯'이란 말이 나온 것이라 한다. 하지만 우리가 동우회 이름을 마파람이라 지은 것은 춘향전에 등장하는 이도령이 과거급제한 후 신분을 속이고 걸인 행세를 하며 춘향이 집을 찾아와 밥 한 그릇을 얻어먹는데 너무나 배가 고파 '마파람에 게 눈 감추듯' 순식간에 먹어 치웠다는 데서 따왔던 것으로 기억한다.

  긴 세월 동안 쌓인 온갖 추억들이 주마등처럼 흘러간다. 고등학교 시절의 추억이 가장 많다. 사흘이 멀다 하고 영주동에 있었던 우리 집이나 조Y래(전 한국은행 부산지점장) 집에 모여 고스톱, 짓고땡, 훌라 등을 하면서 히히덕거리며 놀았던 기억이 생생하다. 당시 거의 모든 마파람 친구들이 술, 담배를 했으므로 불량학생이었는데 나도 포함되었다. 몰려다니며 가장 많이 먹은 음식은 단팥죽이었고, 가장 많은 시간을 보낸 것은 탁구장, 영화관 등이었다. 포장마차나 목로주점에서 떡이 되도록 술을 마신 기억도 많다. 당시에는 주량도 매우 커서 25~30도짜리 소주를 1인당 5~6병씩 마셨던 기억이 있다. 이는 아마도 일평생에서 가장 많이 마신 시기가 아니었을까 생각된다. 물론, 이런 경우 고주망태가 되어 길거리에서 소리 지르고, 휘청거리고, 먹었던 음식을 길거리에서 토하기까지 한 적도 많았을 것이다.

마파람 모임에는 부인들을 빼놓을 수 없다. 친구 8명 모두가 결혼을 잘했고 부인들과 거의 50년을 해로하고 있다. 우리 집사람은 마파람 결성 후 몇 년 지난 후 나를 만나 연애를 시작했는데 그러다 보니 마파람 연례 모임에 곧잘 동반 참석하였다. 그런 이유로 집사람은 마파람 멤버나 다름이 없다. 이번 부산 모임에 부부 동반은 어떨지 남자들에게만 물었는데 오랜만에 우선 남자들만 모임을 하자고 의견이 모아져 부인들이 매우 섭섭해했고 부부싸움이라도 할 뻔했다. 다음 모임에는 꼭 부인들과 함께 했으면 좋겠다.

마파람 중에서 가장 크게 성공한(?) 친구는 정○택 친구다. 우리나라 통조림 캔 생산의 원조인 '한○제관'을 맡아 굴지의 회사로 키운 인물이기 때문이다. 이 회사는 선친께서 작은 쌀가게에서 시작하여 지금 회사의 기틀을 만드셨고, 큰아들인 정○택 친구가 물려받아 크게 발전시킨 것이다. 얼마 전 회사에 큰 화재가 발생하여 마음고생을 많이 했지만 다행히 지금은 거의 회복하였고 힘차게 재충전을 하고 있다고 한다. 진○범 친구는 몇 년 전 교통사고로 목과 허리 등을 크게 다쳤으나 다행히 지금은 거의 완전히(후유증 없이) 회복되어 이번 모임에도 잘 참석하였다. 요란하게 액땜을 했다고 생각하면 좋을 것 같다.

마파람 친구들 중 대략 10년 전쯤에 한 친구(장○익)가 병마를 이기지 못하고 일찍 승천하였다. 이 친구는 작달막한 키에 갸름한 얼굴로 지혜롭고 꾀가 많았다. 모든 일에 단수가 높고 허풍도 심한 편이었다. 놀음도 매우 잘해 늘 따가는 쪽이었던 것으로 기억된다. 이런저런 사업에 손을 많이 댔고 특유의 수완을 발휘하여 잘 키워오던 중에 그만 병이 났던 것이다.

그 후 특별히 아픈 친구는 없어 마파람 모임은 그런대로 잘 진행되었다. 그러던 중 내가 한국건강관리협회 회장으로 있었던 2016년경, 박○성 친구가 우리 협회 서울 서부지부에서 건강검진을 받은 후 내 방으로 왔다. 그런데 얼굴이 매우 안 좋게 보였다. "왜? 무슨 이상이라도 있다고 하니?" 하고 물으니 "나 폐암이라고 하네...."하며 고개를 떨구는 것이 아닌가. "아이구, 얼른 병원에 가서 자세히 진료를 받아봐야겠네" 하니 "그래야지..." 하며 내 방을 나갔던 친구가 그 후 치료를 잘 받아 거의 정상적인 생활을 하고 있다는 소식을 전해와 참으로 반가웠다. 그런데 그로부터 몇 년이 지나고 2021년 봄이 되었다. 이 친구가 갑자기 가벼운 차 접촉 사고를 냈다는 것이 아닌가? 차를 몰고 가는 중이었는데 갑자기 앞이 잘 안 보이고 막막해져서 앞차를 그만.... 다시 병원에 가 보니 폐암이 재발하여 뇌에 전이가 일어났고 뇌에 전이된 암 때문에 순간적으로 의식을 잃었기 때문이라고 했다. 또다시 암 치료가 시작되었다. 그러나 이번에는 경과가 별로 좋지 않았다. 병원에서는 희망이 없으니 집으로 모셔가라고 하여 집에 와 있었다. 간호사에게 부탁하여 집으로 왕진을 가 주고 링거액을 주사해 주는 일도 여러 차례 했지만 친구의 운명을 되돌리기는 어려웠다.

　마파람 두 친구를 잃고 우울해하고 있던 중 2023년 이번에는 우리 중에서 가장 건강을 자랑하던 표○수 친구의 부음을 맞이하게 되었다. 이 친구는 골프가 거의 싱글 수준이고 테니스도 잘 쳤고 늘 건강했다. "나는 너희들 다 보낸 다음에 갈 거니까 그렇게들 알아"라고 했고 늘 잘 웃고 다정다감하던 친구였다. 일요일 아침 일찍 사우나에 부인과 함께 갔는데 아마도 사우나 안에서 냉탕-온탕을 급히 오가다가 심장마비가 온 것 같았다. 사우나를 마친 부인이 남편에게 전화를 하니 경찰이 전화를 받더라는 것이 아닌가. 너무나 기가 막힌 일이었다. 나는 세브란스병원 응급실로 와 달라는 전화를 받고 급히 응급실로 가는 도중이었는데 다시 전화가 오더니 그만 영안실로 오라는 것이 아닌가? "아이구, 큰일이 나고 말았구나" 하며 오열했던 기억이 난다.

이렇게 세 사람을 보내고 마파람은 5인이 남았다. 며칠 전 부산 모임에서는 건강 문제에 대해 가장 긴 시간의 토론을 했다. 많이 걸어야 좋단다. 술은 줄여야 좋고(담배는 모두가 끊은 상태), 스트레스는 받지 말아야 하고, 늘 즐겁게 살아야 한다. 그런저런 이야기로 꽃을 피웠다. 남은 마파람 5인이 모두 오랫동안 건강하고 행복하게 잘 지내기를 갈망한다.

2024년 11월 9일

유형준

profile

약　력 | 수필가, 시인(필명 유담). 서울의대 및 동대학원(의학박사), 서울대학병원 내분비내과(내과전문의), 한림의대 내과 및 의료인문학 교수, 한국의사시인회 초대회장, 문학청춘작가회장, 박달회장, 문학청춘작가회 동인상 수상
현　재 | CM병원 내분비내과장, 의학과 문학 접경연구소장, 함춘문예회장, 한국의사수필가협회장, 쉼표문학 고문
저　서 | 시집 『두근거리는 지금』, 『가라앉지 못한 말들』
　　　　산문집 『늙음 오디세이아』, 『의학에서 문학의 샘을 찾다』(2023년 출판콘텐츠 창작지원사업 선정작), 『글 짓는 의사들-의사문인열전』
주　소 | 02828 서울 성북구 북악산로 844 브라운스톤아파트 115-1803
이메일 | hjoonyoo@gmail.com

진료실 안의 곰 세 마리

매년 받아오던 위내시경 검사를 받다가, 전혀 예상 못한 위출혈로 자칫 불행한 지경까지 미칠 뻔했었다. 응급 상황, 흐려져 가는 정신을 붙들고, 담당 의사의 긴박한 대처에 생명을 맡겼다. 혼미에서 깨어난 정월 초이틀, 문득 곰 세 마리와 골디락스 이야기가 떠올랐다.

옛날 옛적에 곰 세 마리가 숲속 집에서 살고 있었다. 아빠 곰, 엄마 곰, 그리고 아기 곰. 어느 날, 엄마 곰이 아침 식사로 뜨거운 수프를 만들었다. 그녀는 세 가지 크기의 그릇에 수프를 담았다. 큰 그릇, 중간 그릇, 작은 그릇. 그렇지만 수프는 너무 뜨거웠다. 그래서 곰들은 수프가 식을 동안 숲으로 산책하러 갔다.

그들이 산책하는 동안, 한 작은 소녀가 집으로 다가갔다. 이 어린 소녀는 허리까지 내려오는 금색 머리칼을 가지고 있었고, 모두가 그녀를 골디락스라고 불렀다. 골디락스는 문을 두드렸지만, 아무런 대답이 없었다. 그래서 문을 열고 들어갔다. 탁자 위의 그릇 세 개를 보았다.

"아, 배고파!"

그녀가 말했다. 이윽고 큰 그릇의 수프를 맛보았다.

"이 수프는 너무 뜨거워."

그리고 중간 그릇의 수프를 맛보았다.

"이 수프는 너무 차가워."

그리고 작은 그릇의 수프를 맛보았다. 그것은 너무 뜨겁지도 차지도 않고 딱 맞았다.

"이 수프가 딱 맞아."

골디락스는 수프가 너무 맛있어서 다 먹어버렸다.

영국 헐 요크 의과대학 조안 리브 교수는 '환자에게 올바른 진료를 제공하는 골디락스 원칙'을 제시한 바 있다. 과다 진단은 불필요하게 환자를 만든다. 질병의 확장된 정의로, 전연 문제없는 일상 상태를 질병 상황으로 바꾸어 버린다. 검사에 과도하게 의존하는 지나친 의학적 진단과 치료의 단점을 경계하며, 건강과 웰빙에 있어서, 더 많은 것이 항상 더 좋은 게 아님을 강조했다. 예를 들어, 문진과 진찰로 충분히 진단이 가능한 질병 상태를 최첨단 의료진단기기로 재확인하려는 행위, 유방암을 근본적으로 예방한다며 특이 병적 소견이 없는 유방의 절제 등이다. 그 폐해를 줄이기 위해, 질병 경험에 관한 개별 맞춤화된 전인적 설명을 기본으로 하는 사람 중심의 의료 구현을 되짚었다. 과하지 않아야 한다는 점에서, 그는 이를 '골디락스 의학 또는 골디락스 의료'라고 칭했다. 곰이 끓인 세 가지 온도의 수프 중, 뜨겁지도 차지도 않은 적당하게 따뜻한 수프를 선택하여 먹고 기뻐한 골디락스를 되새기는 명칭이다.

히포크라테스 선서 안에 들어 있는 맹세 중 하나가 '먼저, 해를 끼치지 말라'이다. 의사가 환자에게 해를 가해서는 안 된다는 생각은 매력적이다. 그러나 이러한 생각은 자칫 진단 및 치료의 기준을 느슨하게 설정할 가능성이 있다. 물론 예측할 수 있고 예방할 수 있는 피해를 동반하는 어떠한 시도나 진료를 시작해서는 안 된다. 하지만, 환자의 질병 상태에 따라, 하나의 의료 과정이 지닌 위험 및 장단점을 정확하게 비교하는 판단이 불가능한 상황이 없지 않다. 검사나 치료가 해를 끼치지 않을지 미리 백 퍼센트 알 수 없다. 실시간 결정을 내려야 할 때, 위험과 이익의 추정치가 매우 불확실하고, 오류가 발생할 가능성을 완전히 무시할 수 없다. 그럼에도, '골디락스처럼 해라.' '먼저, 해를 끼치지 말라.'라는 권고를 업신여길 수 없다.

진료실에서 그 무언가를 판별하고 결정하는 주체는 의사다. 변변한 한글 교과서가 없어 영문서적을 교재로 쓰던 대학

학창 시절이었다. 책을 읽다가 심심치 않게 눈에 띄는 '의사 마음(physician's mind)'이라는 말에 몰입한 적이 있다. 진단과 치료 및 예방의 명확한 방침이 아직 명확하지 않은 경우에 잘 판단해서 재량껏 하라는 뜻이라고 여기면서도 연이어 적힌 두 단어는 눈길과 생각을 한참씩 끈끈하게 붙들었다. 의사 맘대로?

'의사 맘대로'를 달리 이르면 '순전한 의사의 자기 결정으로'다. 의업을 천직으로 오십 년 가까운 요즈음도 가이드라인으로 꽁꽁 묶인 자기결정성이 손발만 간신히 삐죽 내어 매뉴얼대로만 움직이는 악몽을 더러 꾼다. 그러나 가이드라인과 매뉴얼이 의료를 동이고 우겨 넣을수록, 역설적으로 자기결정성은 그 진가를 낸다. 첨단 컴퓨터, 인터넷 네트워크 등이 쏟아내는 빅데이터가 범람할수록, 인간의 자발적 창의성이 자아낸 예술이 가슴에 더 깊은 울림을 주듯이. 자기결정성이 풍성할수록 더 순조로운 치유를 제공한다. 의학지식과 더불어 세상의 대소사가 듬뿍 담긴 자기결정 능력으로 다져진 의료는 무리가 없다. 지침으로 짜인 틀 안팎을 무덤덤하게 드나드는 데이터의 이면에 들어 있는 갈등과 곡절을 직접 간접으로 체험하며, 자기결정성은 튼실해진다. 튼실한 자기결정성은 진료실에서만이 아니라, 사회와 국가, 더 너른 곳에서도, 의사 맘대로 생명을 고뇌하고, 의사 맘대로 그 고뇌의 값을 매기고, 의사 맘대로 떳떳이 책임지는 선한 꿈을 꿀 자격을 허락한다.

긴급 수혈로 되찾은 의식과 장기간의 보혈(補血)로 회복시킨 심신. 지금은 진료실에서, 겨울잠 자고 있을 곰 세 마리와 함께, 청진하고 처방전을 짓고 있다. 더러 비어있는 진료실 틈새에 실체험을 생생하게 채워가며, 처방전 여백에 단어 몇 개를 검지 손가락끝으로 꾹꾹 눌러 적고 있다. 곰 세 마리, 골디락스, 의사 마음.

아버지의 지팡이,
음성을 내다

　　　　　　돋보기안경, 펜으로 쓴 손편지, 성경책....
국내외에서 모인 육 남매가, 집안 곳곳 아버지의 유품을 주섬 주섬 각자 몇 가지를 거두었다. 물품마다 수십 년 손때묻은 세월이 깊이 박혀 있어, 선뜻 고르기가 쉽지 않았다. 한참 머뭇거리다가 지팡이를 챙겼다.

　난생처음 간 외국은 일본이었다. 한국과 일본의 당뇨병 학회가 해마다 번갈아 오가며 개최하는 학술대회에 참석하러 나고야에 갔다. 요즈음에야 흔한 일이어서 큰 의식을 치르지 않고 일상처럼 드나들지만, 당시엔 출국 준비도 절차도 간단치 않았다. 더구나 첫 해외여행이었으니. 아버지께 출국 인사를 드리며, 필요한 게 있으시면 처음 해외여행 기념으로 마련하겠다고 여쭈었다. 빈 종이를 꺼내시더니 등나무 지팡이의 한자어인 '등장'을 한문으로 '藤杖'이라 쓰시고, 글자 옆에 일본 문자를 달아주셨다.

등나무 지팡이를 구하려고, 잠시 잠시 틈을 내어, 연이틀 나고야 시내 여러 곳을 들렀지만, 쉬이 찾을 수가 없었다. 사흘째 날엔 중심가 백화점을 찾았다. 아버지의 손글씨를 한참 들여다보던 여점원이, 일본인 특유의 친절한 말씨로 잠시만 기다리라더니, 이리저리 분주하게 연락을 시작했다. 얼마 후 전형적 영업 달인의 걸음으로 다부진 경력의 매니저가 도착했다. 찬찬히 확인하고 나서, 내일까지 꼭 갖춰 놓겠다고 연신 미안함을 표했다. 다음날 다시 찾은 백화점, 지금의 지팡이를 만났다. 찾아 나선 지 나흘째 날이었다.

물음표를 닮은 지팡이는 바닥을 짚는 끝에 검은색 고무 패킹이 굳은살처럼 붙어 있다. 미리 사두시고 다 쓰지 못하신 여분의 패킹은 잘 봉한 비닐봉지에 담겨있다. 삼십 년이 쌓인 지금, 지팡이는 책상 오른쪽 책꽂이 바로 곁에 놓여 있다. 언제든 고개를 들어 살짝 옆으로 돌리면, 패킹이 담긴 비닐봉지를 손목에 건 채 서 있는 지팡이가 통째로 보인다.

늙을 '로(老)'는 머리가 부옇게 일어서고 등이 구부정한 늙은 사람이 지팡이를 짚고 있는 모양을 본뜬 글자다. 지팡이가 노인의 주요한 상징인 점은 서양도 마찬가지다. 그리스 신화에 나오는 늙음의 신 게라스도 늙고 등이 굽고 지팡이에 몸을 없고 있다. 이렇듯 노인의 특성을 영절스레 드러내는 인문, 즉 노인의 무늬로는 지팡이가 으뜸이다. 물론 젊은 사람도 몸이 불편하여 걷기 힘들거나, 등산과 같은 활동 등의 경우, 한정된 장소에서 사용한다. 더러, 요즘은 거의 볼 수 없지만, 부모의 상중에 허리를 낮추려 짧은 지팡이를 사용하기도 한다.

아직 한 번도 지팡이를 써 본 적은 없다. 이따금 손에 쥐고 세 번째 다리가 필요할 때가 날로 가까워지고 있음을 확인하듯이 짚어본다. 등나무의 부드러우면서도 편안한 탄력성은 손부터 온몸으로 포용의 믿음을 전해준다. 마치 뙤약볕과 비를 가려주는 등나무 그늘에서 느끼는 감정이랄까. 특히 무리한 일을 하고 나서 혹시라도 뻐근할 땐, 지팡이를 앞세워 두어 발짝 방안을 걸어보기도 한다.

성격과 건강 등을 감안하여 걸음걸이를 분류해 보면 활력형, 발소리 내며 걷는 형, 한 걸음 한 걸음형, 서두는 형, 허세형, 위축형 그리고 산만형이 있다. 아버지의 걸음은 한 걸음 한 걸음형이었다. 안정되어 보이고, 다음에 이어 내디딜 걸음을 예측할 수 있어 함께 걷기에도 편하다. 모든 일을 그렇게 다루어 자식들을 키우셨다. 세월이 쌓여 자연스레 아버지의 일보일보에 지팡이도 한 발짝 한 발짝 도움을 주면서, 한 점 한 점 자취를 찍어 주었다. 더러 계단을 오르내리실 때 아들의 팔을 잡으시더라도 다른 손에 들린 지팡이는 어김없이 점을 찍었다.

세 차례나 겪은 뇌졸중 후유증으로 버거운 걸음을 거들어 준

아스클레피우스의 지팡이였다. 세파의 크기와 방향을 헤아려야 할 관문에선, 스핑크스가 던진 세 번째 물음의 정답인 세 번째 다리로서 좌로든 우로든 휘청거리지 않게 세워줬다. 황무지 같이 메마른 세상에서 자녀손들의 험난한 경쟁을 묵묵한 기도로 바라보실 땐, 모래 언덕의 큰 바위를 내리쳐 샘물이 솟게 한 모세의 지팡이로 그 몫을 했었다. 또한 오래오래 건강히 사시라는 자손들의 소망을 담은 청려장으로 걸음 앞에 또렷한 점을 찍었다.

그렇게 세월 세월마다 점과 점 사이에 발자국을 채우시고, 훌쩍 떠나가신 지 이십여 년이 쌓여가는 어느 가을 저녁. 방에 들어서며, 암 덩어리 떼어내고 남은 허파로 지고 다닌 하루치 무게를 내려놓는 순간, 지팡이가 음성을 내기 시작했다.
"그날 이후 책장 모서리에 어깨를 얹은 채/ 입술을 꾸욱 닫고/ 외발로 서 있던 구부정한 굳은살이/ 오늘 처음 입을 뗐다/ 대답이 비로소 흘러나오기 시작했다/ 모나지 않은 음성으로"
― 유담 「아버지의 지팡이」 부분

이 저녁, 책상 오른쪽 책꽂이 바로 곁에 구부정한 어깨로 꼿꼿이 서서, 백발투성이 아들의 무게를 나누어 짚을 채비로 물으신다.
"넷째야, 무겁지 않니?"

순우리말인 '박달'은 '박달나무'의 준말이다.
박달나무는 찍으면 오히려 도끼가 부러질 정도로 단단한 데다가,
척박한 환경에서도 잘 자라는 속성을 갖고 있다.
이를 증명하듯, 그동안 박달회 회원들이 뿌려 온 삶의 이야기들은
오랜 시간 단단하고 견고하게 성장해 많은 이들에게
위안과 그늘이 돼주었다.

의사수필동인박달회
꿈 속에서의 꿈

초판 1쇄 발행 2024년 12월 16일

지은이	박달회
펴낸이	박성주
펴낸곳	도서출판 지누

출판등록	2005년 5월 2일
등록번호	제313-2005-89호
주소	(04165) 서울특별시 마포구 마포대로 15 현대빌딩 907호
전화	02-3272-2052
팩스	02-3272-2053
전자우편	jinubook@naver.com
인쇄·제본	벽호

값 15,000원

ISBN 979-11-87849-54-4 (03810)
이 책은 저작권법에 의하여 보호받는 저작물이므로 무단 전재와 복제를 금합니다.